JN032361

あした死ぬ幸福の王子

ストーリーで学ぶ「ハイデガー哲学」

The PHILOSOPHY of DEATH LEARNING from MARTIN HEIDEGGER

飲茶《yamucha》

ダイヤモンド社

あした死ぬ幸福の王子

ストーリーで学ぶ「ハイデガー哲学」

目次

序章

宣告

「残念ながら王子、あなたは明日死にます」

主治医からの突然の宣告に、オスカー王子は目の前が真っ暗になった。ショックと絶望で心臓の鼓動が弱まり、押し上げる力を失った血液が滝のように頭から抜け落ちていくのがわかる。

青ざめた顔でふらつくオスカーの様子を見て国一番の名医である主治医は、あわてて言い直した。

「ああ、すみません、あまりのことに私も気が動転してしまいました。もう少し正確な表現に言い直させてください。正しくは王子、『あなたは明日死ぬかもしれない』ということです。ですから、もちろん明日死なない可能性もあるわけですが、その……」

主治医は口ごもる。だが、すぐにはっきりとした口調でこう言った。

「その『死ぬかもしれない明日』は、少なくとも『一ヵ月以内』に必ずやってくるでしょう」

言い直したところで結論はほとんど変わらなかった――つまりは余命一ヵ月。

「そんな馬鹿な！　なにかの間違いではないか!?」

そう叫んだオスカーであったが、主治医の診断にまったく心当たりがないわけでもなかった。診察のため上半身を脱いでいたオスカーは、首を傾げて左肩を見る。するとそこには毒々しい紫色の塊――親指ぐらいの小さなコブがあった。

それは三日前のこと――森で狩りをしていたオスカーが、休憩のため木陰でうつらうつらと眠りこけていたときのことだった。

突然の刺すような痛み。悲鳴とともに目覚めると、左肩に真っ黒なサソリが乗っていた。そのおぞましい姿に「ひっ！」と短く叫び半狂乱で振り払う。手で弾かれたそれは宙を舞い、地面にぽとりと落ちたが、そのまま何事もなかったかのように悠然と茂みの奥へと消えていった。

オスカーは恐怖に身を震わせ、半べそをかきながら急いで肩を確認する。この国においてサソリに刺されることは「死」と同義であったからだ。

刺された跡はすぐに見つかった。確かに刺されていた。が、傷口は腫れておらず体調に変化もなかった。

「ああ良かった、毒のある尻尾で刺されたのではなかったのだな」

自分に言い聞かせるように呟いたオスカーは安堵する。そして遊猟《ゆうりょう》を切り上げ、そそくさと城へと帰り、いつも通りの贅沢三昧をして過ごすのであるが――それから三日後の朝、いつの間にか刺された跡が紫色を帯び、しかもコブのように膨れ上がっていることに気がつく。

「なんだこれは⁉」

その瞬間、半ば忘れかけていた黒いサソリの記憶が蘇った。

あわてたオスカーは主治医の元へと駆け込む。順番待ちの患者たちを押しのけ、診察中の患者を追い出し――そして今の状況にいたるわけである。

「おい、どうにかならないのか！　そうだ薬だ、解毒薬があるだろう！　その薬がどれだけ高価でもかまわん！　父上にお願いすれば必ず手に入れてくれるはずだ！」

「残念ながら王子、ご承知の通りサソリの毒に解毒薬はありません」

「ならば、手術はどうだ！　手術でこのコブを取り除けばよいのではないか⁉」

しかし、主治医は首を振る。

「残念ながら王子、毒巣《どくそう》は見た目よりも身体の奥深くまで食い込んでいます。心臓に繋がる血管が近くにあることから、摘出は難しいでしょう」

その言葉にオスカーは衝動的に主治医につかみ掛かった。そしてあらん限りの罵声を浴びせかける。

罵り、命令、脅迫。

しかし、何を喚こうと、申し訳なさそう以外にいっさい表情を変えない相手を見て、ようやくオスカーは自身の運命を悟った。

――どうにもならないのだと。

――どうあっても自分は死ぬのだと。

いつしか罵声は嗚咽《おえつ》へと変わっていた。

◆　◆　◆

カツンカツン――

靴音を大きく鳴り響かせながら、オスカーは重い足取りで城の廊下を歩いていた。

豪華な城であった。ツタ模様の金細工《きんざいく》が所狭しとほどこされた壁に、顔が映るほど白く磨かれた真珠のような床。それらが果てが見えないほど、どこまでも続いていた。

「はぁ……」

別名「サンスーシ（憂い無し）」――そう呼ばれる優美な城にもかかわらず、オスカーはため息をついて憂鬱《ゆううつ》な表情を浮かべた。そして歩みを止め、少しでも気を紛らわせようと廊下に備えつけられた窓から外を覗く。そこには柔らかな春の日差しの中、色とりどりの花が咲く美しい庭園が広がっていた。

オスカーにとっては日常であるため気にも留めていないことだったが、その庭園にはひとつ奇妙なことがあった。枯れ葉がまったく落ちていない――いや、それどころか散った花びらひとつ地に落ちていなかった。それは「王子に美しいものだけを見せたい」という国王の親心で、散りそうな花があったら即座に摘み取られていたからであった。

オスカーはその景色を見ながらもう一度大きくため息をつく。それから窓を離れ、廊下を歩き出すと、カツンカツンという靴の音が再び大きく鳴り響いた。歩きながら主治医に言われたことを思い出す。

「あなたは明日死ぬかもしれません」

「そしてその明日は、一ヵ月以内に必ずやってくるでしょう」


一ヵ月以内に死ぬ？　この私が？　そんなバカげたことが起こり得ていいのか。

めまいにも似た強い憤《いきどお》りを覚えながらも、オスカーは自分の身に「死」が起きたときのことを想像してみた。頭に浮かんできたのは真っ暗な永遠の闇——考えることも感じることもできない「無」が未来永劫に続くさまであった。

ぞっとした。

それはもはや「無」という表現すら不正確だと感じられるほどの絶対的な無——だって本当に「何も無い」のだ。その「無」という底なしの深淵に自分が吸い込まれ落ちていくという感覚が、オスカーにどうしようもない恐怖の感情を呼び起こした。

そう、消える。消えるのだ。人生の思い出も、目の前のこの現実も、私は私だというこの感覚も、私に関わるすべてが永遠に消滅して二度と現れることはないのだ。

だとしたら——

私の人生には、いったいどんな意味があるというのだろうか。

すべてが消えて無くなってしまうのだとしたら——

どう生きようが何も残らないのだとしたら――

人生それ自体がまったくの無意味ではないか。

「これはこれはオスカー王子」

そのとき、廊下の向こうから派手な装いに身を包んだ男がやってきた。オスカーの国の大臣であった。うやうやしく、そして大げさに挨拶をした大臣は、さっそく王子におべっかを使う。

「ご機嫌うるわしゅうございます王子。実は、さきほど女神の歌声のような心地よい音楽が遠くから聞こえてきまして、それでわたくし、花の蜜に誘われる蜜蜂のごとく、その音色に引き寄せられここに参ったわけですが……、なるほど音の正体がわかりました。王子のその麗しき御足から奏でられていたのですね」

そう言って大臣は跪《ひざまず》き、羨望のまなざしをオスカーの足元へと向けた。

親である王の望み通り、美しいものを好むように育ったオスカーは、宝石をちりばめた高価な靴を履いていた。特に自慢はつま先にある大きな青いサファイア。また、そんな豪奢《ごうしゃ》な靴に他者の目を向けさせるため、踵《かかと》には金の板が貼りつけられており、歩くたびに大きな音が出る仕掛けになっていた。もちろん鳴るのは金属音で、けっして女神の歌声などといった上品な音ではない。先刻の表現は明らかにおべっか使いの大臣のご機嫌取りであった。

「さあさあ、王子、今日もお昼のパーティの準備は整っております。よろしければわたくしも会場までお供させてくださいませ」

「パーティだと」

オスカーは、不愉快な気分になった。

明日私が死ぬかもしれないというのに――それなのに、目の前のこいつはなぜ平然と笑っていられるのだろうか。もちろん大臣は死の宣告を知らないのだから当然の反応ではある。だが、オスカーにはそれがとても理不尽で不条理なことのように思えた。

オスカーはそのまま大臣に連れられ、いつもの大広間に到着する。そこでは、昼間とは思えないような盛大なパーティが催《もよお》されていた。

テーブル一杯に並べられた食欲をそそる肉に、惜しげもなくグラスになみなみと注がれた高級な酒。そして、煌《きら》びやかなドレスに身を包んだ美女たちと、競うように派手な装飾を身につけた貴族たちが、荘厳《そうごん》な音楽に合わせて絡み合うように踊っていた。

この世の贅《ぜい》を集めたかのようなその光景は、オスカーにとって見慣れた光景ではあるものの、それでも肉体的感覚を直接刺激する確かな快楽がそこにはあった。

しかし——この日はすべてが違って見えた。派手で騒がしい景色の中に、自分だけがいないように思えたのだ。

「王子、王子」

大臣はオスカーに小声で呼びかけ、目線で合図を送った。その視線の先を追うと、そこには美女がいた。以前からずっとこのパーティに誘うよう命じていた憧れの歌姫であった。その彼女がこちらを見て微笑んでいる。もしかしたら、このあと宝石や権力をちらつかせることで思うままに抱きしめ、その透き通るような肌に触れることもできるかもしれない。しかし、それでも。

——明日、自分が死ぬのだとしたら、それが何だというのだろう。

オスカーは自分の足元を見た。靴には青いサファイアが光っていた。千年前のインドで見つかった国宝級の宝石である。これほどの大きさの宝石を身につけているものは、この会場に誰一人いなかった。だが、それでも。仮にこの二倍の大きさの宝石が手に入ったとしても。それを身につけて大勢の人々から今以上に羨望のまなざしを向けられたとしても。

――明日、自分が死ぬのだとしたら、それがいったい何だというのだろう。

すべてがくだらないものに見えた。女たちの整った顔が、貴族たちの身につけている衣装や宝石が、まるで木の根のような気持ちの悪い、無意味なただの模様に見えた。

オスカーは、吐き気をこらえた。

顔色が優れないことを察して大臣が声をかける。

「おやおや、王子、飲みすぎてしまいましたかな。そうだ、では午後は外に出ましょう。狩りなんてどうですか？　逃げる獲物を追い詰め、しとめる快感は格別ですよ」

「狩り……？」

狩りに良い思い出はない。だが、オスカーはうなずいて応じた。行きたい場所があったからだ。


午後、狩り場に向かったオスカーは、真っ先に木陰へと向かった。黒いサソリに刺された例の場所だ。

「一人にしてくれ」

大臣は訝《いぶか》しがったが、いつもと様子が違う王子の機嫌をこれ以上損ねてはいけないと、他の貴族たちを連れて森の奥へと入っていった。

緑が生い茂る巨木の下で、ただぼんやりと立ち尽くすオスカー。もちろん、そんなことをしても何の解決にもならない。だが――もしかしたら、サソリに刺された記憶は何かの思い違いで実はすべて夢だったのではないか、そして、記憶と違う何かがこの場所にあるのではないか――という淡《あわ》くも儚《はかな》い希望。そんな奇跡のような希望にすがりつく以外、他に救いはないとオスカーは思ったのだった。

と、そのとき、ガサッと音を立てて、木のそばの茂みが動いた。

驚いたオスカーは、反射的にその方向に弓を構える。

「う、うたないでください！」

そう言って震えながら茂みから出てきたのは、薄汚れたボロボロの服をきた女だった。

「なんだ、物乞いか。なぜここにいる？」

ここは王家の狩り場であり、部外者の市民がいるのは、れっきとした犯罪行為であった。

「あ、あの……森に来れば何か食べ物が手に入ると思って……」

「そうか。だが、この森は王家の私有地であり、そこにあるものはすべて王家の財産だ。今おまえは、それを奪うと宣言したわけだが、当然死刑は覚悟できているのだろうな？」

オスカーは女に矢を向けたまま、キリキリと弓を引き絞った。それを見て、女は腰を抜かす。

「どうかお許しください！　病気の妹が死にそうなのです！　どうしても食べ物を持って帰らないといけなくて、だからどうか見逃してください！」

そう言ってオスカーの足元に駆け寄り、地面に頭をこすりつけ必死に懇願した。

汚らしくみっともない。女の風貌や行動を見てオスカーは端的にそう思った。そして、だんだんと腹が立ってきた。こんな汚い民衆がのうのうと長生きするのに、高貴な自分のほうが先に死ぬというのだ。そんな不条理なことが許されるはずがない。

「おい、物乞いの女。この靴の先についている青い宝石を見ろ。サファイアだ。そんなに生活に困っているというなら、この宝石をくれてやろうじゃないか」

「ほ、本当ですか？」

「ああ、本当だ。だから、よーくこの宝石を見ろ」

女が足元の靴に顔を近づけた瞬間。

オスカーは思い切り女の顔を蹴り上げた。

ぎゃっという悲鳴を上げ、女は顔をおさえて転げまわる。

「言ったはずだ！　ここは王家の私有地、勝手に立ち入った者は殺されても文句は言えない！　許されるとでも思ったか！」

再び女に向かって弓を構える。女は、許してください、助けてください、と泣き喚きながら茂みの奥へと逃げ込んだ。

オスカーは弓を降ろした。女を追いかけるほどの気力はなかった。

唐突な出会いに驚き、感情を動かし、女を蹴り上げてしまったが……、彼女が姿を消し静寂に包まれると、現実がオスカーを襲った。

そうだ。結局何も変わらない。あの女を殺そうが、見逃そうが、もしくは言葉通りサファイアをやって助けようが、やはり自分は死ぬのだ。

高ぶった感情が収まったことをきっかけに、オスカーの気分はそのまま加速してどこまでも落ちていった。

オスカーはふらふらと森の奥へ向かって歩き始める。立ち止まっていると、絶望感に覆われて心が壊れてしまいそうだったからだ。

　オスカーはいつの間にか走り出していた。泣き出していた。そして、命乞いをした女と自分を重ねた。

　私はあの物乞いと同じだ。みっともない。情けない。いや、もっとみじめだ。だって、私は明日死ぬかもしれないのだ。この自分の意識が、自分の感覚が、永遠に失われるなんて、嫌だ、怖い、おそろしい。

　グチャッという音がした。

　気がつくと、オスカーは湿地帯――草が水につかっている場所に足を踏み入れていた。顔を上げると、白い霧がかかった小さな湖が目に入った。

　オスカーは直観的にこう思った。

「このまま歩けば楽になれるかもしれない」

　オスカーは苦しかった。恐怖とみじめさで心がボロボロだった。だから、どうにかしてその苦しみから抜け出したかったが、その方法が思いつかなかった。

　しかし、今――このまま前に歩けば、少なくともその苦しみから逃れることができる……。

ようやく見つけたひとつの解決方法。

オスカーは、もうこれしかないのだという思いにとらわれ、足を一歩前に踏み出した。そしてもう一歩、さらにもう一歩……。踏み出すたびに、ダメだ、自分はおかしくなっている、正気に戻れと諭《さと》す思考がやってくる。だが、それでも今感じていることの恐怖やみじめさを、一ヵ月も死ぬまでずっと感じ続けるなんて不可能だと思った。

無理だ。耐えられるわけがない。

そう思い直して、また一歩足を前に踏み出す。

そうして、首の近くまで水がつかる深さにたどり着く。それでもオスカーは嗚咽とともに歩を進める。

ああ、不幸だ！　私は不幸な人間だ！　こんな気持ちになるなら、この世になんか生まれてこなければよかった！

自暴自棄になり世界に呪詛の言葉を吐いたそのとき、

「そこの若いの、何をしている？」

突然、後ろから声が聞こえた。振り向くと、釣り竿を持った老人がこっちを不思議そうに見ていた。

オスカーは無視する。しかし、

「おい、聞こえるか？」

と何度も呼びかけてくるので、たまらず怒鳴りつける。

「うるさい！　私はもうすぐ死ぬ！　死ぬと言われたんだ！　だから、ほっといてくれ！」

「ほう、そうかそうか」

老人は言った。その声はとても落ち着いており、死のうとしている人間を目の当たりにしているとは思えないほど穏やかだった。

そして、老人は笑いながら続けてこう言った。

「自分の死期を知らされるなんて、おまえはとてつもなく幸福なやつだな」

第1章

死の哲学者

「おはようございます、王子」

私は、従者の声で目を覚ました。いつものベッドだった。

――なぜここに？

軽い記憶の混乱があった。意識をはっきりさせるため頭を左右に振り、昨日のことを思い出す。

たしか……思い直して湖から上がろうとしたが……ぬかるんだ地面のせいで思いのほか時間がかかり……気づいたら老人はいなくなっていて……それで探そうと森をさまよっているうちに私を探す大臣たちの声が聞こえて――そうだ、そのまま城に連れ戻されたのだった。

「朝食の準備はできてございます」

従者が抑揚のない声で、いつもと同じ口上を述べた。

「そうか、では運んでくれ」

「え……はい、承知しました」

従者が言葉を一瞬詰まらせたのは、私が朝食をもう何年も食べておらず意外だと思ったからであろう。形式上、毎朝、食事を準備させてはいたが習慣的に手をつけたことはなかった。

朝食をとろうと思ったのは、単純に空腹だったからだ。考えてみれば、主治医に宣告を受けたのは昨日の昼食前なのだから、今朝まで丸一日以上何も食べていなかったことになる。だから空腹なのは当然のことだが、一方で自分が空腹であることに驚いていた。正直、もう二度と食欲はわかないだろうと思っていたし、何より昨日自分は錯乱して死のうとさえしていたのだ。

それがなぜか今は自然に空腹を感じ、多少なりとも落ち着きを取り戻している。その原因、きっかけは明らかであるように思えた。

私は、朝食を手早く済ませて、馬に乗り、すぐに昨日の場所へと向かった。

もちろん、あの湖に老人がまたいるとは限らない。むしろ、いないほうが当たり前だろう。だが、どうしてもいるかどうかを確認したかった。彼に言いたいこと、問いたいことがあったからだ。

もし明日死ぬとしたら、何をする？

私は王家の狩り場を通り抜け、その奥にある「黒い森」と呼ばれる場所の小さな湖についた。老人は、あっさりと見つかった。のんびりと小舟に乗って釣り糸を垂らしていた。

私は岸辺から声をかけた。

「そこの老人、問いたいことがある」

「おお、昨日の若者じゃないか」

相変わらず落ち着いた穏やかな声だった。

「昨日、おまえが述べたことの真意を知りたい。なぜあのようなことを言ったのだ？」

「ん？　死期を知らされるおまえは幸福だ、というやつか。それはそうだろう？　たいていの人間は、自分の死期を知らずに死んでいく。そうした可能性が高いなか、おまえは死期を事前に知らされ、死について考える機会を与えられた。これが幸福でなくてなんだというのだ」

「ちょっと待て、死について考えることがなぜ幸福なのだ。むしろ、死について考えないことのほうが幸せではないか。死に怯えてビクビクしながら残りの人生を生きるぐらいなら、死のことを忘れて生きたほうがマシなはずだ」

「本当にそう思うか？　では聞くが、それまで幸せだと思ってやってきた日常生活――たとえば趣味や遊び、仕事など何でもいいが――そういうものがおまえにもあるだろう。死期を知らされた今も、それらをやって幸せか？　もし幸せだというなら、残りの人生を、今まで通りにその日常生活をして過ごせばいい」

「いや、幸せではない……。私は王家の人間であり、おそらく世界でもっとも裕福で贅沢な暮らしをしてきたと思うが、『明日、自分が死ぬかもしれない』と思うと、すべてが無意味で虚しく感じられるようになってしまった」

「ほう。だとすれば、おまえは『残り時間が少ないと知ったら無意味になってしまうような、どうでもいいこと』に人生の大半を費やし、限りある貴重な時間を無駄に浪費してきたということだな。おまえは死期を知らされることによって、たまたまそのことに気づくことができたが、一方、普通の人々はそれに気づかず何十年と過ごし、いよいよ死ぬとなってからようやく気づくことになる。それに比べたら、今気づけたおまえは幸福だと言えないだろうか」

「いや、待て。それに気づくことがなぜ幸福につながるのだ？　今気づこうが、あとで気づこうが『人生が無意味だ』という絶望は何も変わらないじゃないか」

「そうとも限らないぞ。その絶望に気づくことで、おまえの人生に新たな可能性が生まれる。『本来的《ほんらいてき》な生き方』にいたる道が開かれるのだ」

「本来的な……生き方？」

「ああ、つまり『人間本来の生き方』という意味で、哲学の世界で出てくる用語だな」

「哲学？　そもそもあなたはいったい何者なのでしょうか？　その話しぶりから、おそらくは名のある識者とお見受けしますが」

「いやいや、わたし自身はたいしたことはない。どこにでもいる、しがない哲学者の一人だ。それに今までの話も――『本来的な生き方』という用語もそうだが――ハイデガーという哲学者の受け売りにすぎない。おまえはハイデガーという哲学者を知っているかね？」

「いいえ、聞いたことがありません。ソクラテスやプラトンなら聞いたことがありますが」

「そうか……。西洋における最大の哲学者の一人として数えられる人物なのだが、まあ、そういうものなのかもしれん。なにせ書いた本は専門用語だらけで、とても難解で読みにくいし、なにより名言らしい名言もあまりない。いや、『死は人間の最も固有な可能性である』あたりはどうだろうか、いやこれもそれほど知られてはいないだろうな。しかし、人類の歴史上、最高の哲学者とも言われる彼の哲学を知らないのは、とてつもなく損だと思うのだがなあ」

老人は腕組みをしながら、ぶつぶつと呟き始めた。どうやら、ハイデガーという人物が知られていないことがショックだったらしい。

このとき、私はこう思っていた。

（あまりにも出来すぎている。死に怯えて悩む私が、死について語る哲学者とこんな森の奥で出会うなんて――そんな偶然があるだろうか？　きっとこれは神様か天使の導きに違いない）

それはもちろん希望にすがりつきたい、私の願望が生み出した妄想にすぎないのかもしれない。

だが、先ほど老人が言った「死は人間の最も固有な可能性である」というハイデガーの言葉。いったいなぜ死が可能性なのだろうか？　もしかしたら、ハイデガーの哲学は今の私に最も必要なもの——何らかの救い、心の慰めとなる考え方を与えてくれるのかもしれない。そんな直感が私に働いていた。

私は身を乗り出して言った。

「ご老人、いえ先生と呼ばせてください。もう少しそのハイデガーの哲学について教えてほしいのですが、その前にそもそも哲学とはいったいどういうものなのでしょうか？」

「ん？　哲学か？　哲学とは『思考できないことを問いかけること』だ。もっと簡単に『考えられないことを考えること』だと言ってもいい」

「考えられないことを……考える？　すみません、謎かけのように聞こえますが」

「おっと、すまない。結論を急ぎすぎてしまったな。今のは、ハイデガー自身の哲学の定義だったのだが……、ほら、やっぱりわかりにくいだろう？　うむ、ではまず一般的な知識としてその質問に答えよう」

　そう言って先生は小舟を漕いで岸へと近づけた。そして私に乗るように促す。私は言われるがまま小舟に乗り込み、先生と向かい合う形で座った。

「死とは何か？」を考える前に

「哲学とは、知の探究であり、当たり前のものとして見過ごしてきた価値観――常識と言ってもよいが――それを徹底的に問いかけることだ。ようするに、『〇〇とは何か？』をひたすら考える学問だと思ってもらえばいい。そして、この『〇〇』には、今述べたように常識的な当たり前の言葉が入る。たとえば愛だったり、正義だったり、だ」

「つまり、『愛とは何か？』『正義とは何か？』を考えるということですね。なるほど、そういう形で問いかけるのが哲学だと。そうすると、ハイデガーは『死とは何か？』

について考えた哲学者という理解で良いですか？」

「いや、それは半分正しいが、正確には違うと言ったところだな。一般的なイメージとしてハイデガーと言えば『死とは何か？』『人間とは何か？』を問いかけた哲学者として有名なのだが、実際のところ彼はあらゆる常識的な言葉の中で、最も根源的なものを自分の哲学のテーマに選んだ。それは『存在とは何か？』だ」

「存在？」

「そうだ。世の中には、いろいろなモノが『存在する』。その『存在する』とは、そもそもどういうことなのか？　それをハイデガーは問いかけたのだ。そして、彼は『存在とは何か』を考えるために『人間とは何か』を問いかけ、『人間とは何か』を考えるために『死とは何か』を問いかけた——という順番であるのだが……。きっとおまえは、それらの細かい事情よりも『死とは何か』『死が人間にどんな可能性を与えるのか』のほうを早く知りたいのだろうな」

「はい、お察しの通りです」

「おまえの置かれた立場からすれば、もちろんそうだろう。その気持ちはわかる。だが哲学というものは、長い年月を経た古木のように巨大で複雑な体系であり、そう箇単に理解できるものではない。実際、おまえも哲学と言えば難解というイメージがあるはずだ。だから、ハイデガーの哲学を正しく理解したいと思うのであれば根気強く段階を踏まなくてはならない。そうしないで結論だけを聞こうとするなら、せいぜい『人間は死ぬから、人生が輝くのだ』くらいの見せかけの理解しか得られないだろう。そんな口当たりの良い、上っ面の知識を、おまえは欲しいわけではあるまい」

「そうですね。それが答えだと言われても、納得できないのであれば意味がありません。早く答えが欲しいという焦りはもちろんありますが、それでも時間を無駄にするわけにはいきません。正しく理解できるよう段階を踏む方法で、ぜひご教授をお願いします」

「うむ、ならばハイデガーの哲学を学ぶ最初の一歩として、彼が考えた『存在とは何か？』がどういう問いなのか、そこから理解していこう。この問いは、もっと簡単に『あるとは何か？』と言い換えても良いのだが――さて、ここに釣り竿が『ある』。おまえはこれをどういうことだと思う？」

そう言って先生は持っていた釣り竿をいきなり手渡してきた。突然のことにわけもわからないまま、とにかく受け取った竿を握り締めて考えてはみたものの、何も思い浮かばない。

「すみません、どういうことかと言われても……、やはり釣り竿が『ある』としか言いようがないというか……」

「いやいや、それでよい。まさにそれだ。『〇〇がある、それはどういうことか』と問われて、『そんなこと言われても、あるとしか言えない』というのは正常な反応だ。そして、その答え方こそがまさしくこの問いの本質そのものでもある」

「それが問いの本質？ ちょっとまだよくわかりません。とりあえず『ある』を説明するのは簡単そうに見えて、想像以上に難しいということだけはわかりましたが……」

「うむ、あわてることはない。もう少しゆっくりと考えてみるといい」

先生に促され、私はもう一度釣り竿をよく眺めてみた。そして、持っている手から竿の材質や質感を注意深く感じてみる。すると——すぐに、はっきりと——これが「ある」という確信が生じた。が、にもかかわらず、その確固たる確信の内容を口に出そうとすると、なぜか言葉にならない。どう言葉にしようとしても「あるものはある」としか言えない、そんな言葉の行き止まりに突き当たるような感覚があった。

先生は、こちらをじっと見ていた。決してからかっているわけでも、答えをもったいぶっているわけでもなく、なにか体感的な理解を私にさせようとしているように思えた。

ならばこちらも真剣に考えなくてはならない。

人間の思考の「限界」とは？

釣り竿が「ある」、その「ある」とは何か――私は、ふと思ったことを口走った。

「こういうのはどうでしょうか。まず木の棒があって、その先に糸があります。そして、その糸の先には針がついています。こうしたモノが釣り竿で、それが『釣り竿がある』ということではないでしょうか？」

「うむ、それも良い答えだ。実際、古代から多くの識者たちがみなそうした考え方で存在を捉えようとしてきた。なるほど、たしかに釣り竿は、そういう構造をしているし、そうした要素から構成されていると言ってよいだろう。だが、ハイデガーは、そうした存在の捉え方に疑問を呈《てい》している。まずそもそも今のおまえの言葉遣いの中に、存在の説明として明らかな破綻が現れているのだが、そのことに気づくだろうか」

「どういうことでしょう？」

「今、おまえは『木の棒がある』と答えただろう？　ほら、また『ある』という言葉を使っている。聞かれているのは『あるとは何か』という問いだ。それなのに、その答えの中に『ある』という言葉が出てくるのはおかしなことではないだろうか。たとえば、おまえだって『笑うとは何か？』の問いに、『あははと笑うことです』と答えられたら違和感を覚えるはずだ」

「たしかに、そうですね」

「だから、そうした説明のやり方では、『存在（ある）とは何か』の問いに答えることは原理的にできないのだとハイデガーは主張する。このことをわかりやすく理解するため、おまえが言ったことを端的に文字として書いてみよう」

　そう言って先生は懐から紙を取り出し、さっとペンを走らせて書いたものを私に見せた。

釣り竿がある　↓　竿がある、糸がある、針がある

「どうだろう。こうして書くと一目瞭然ではないだろうか」

「そうですね。結局、『ある』を繰り返しているだけで『ある』そのものについて何も言えていません」

「そうだ。これをもっと一般化して考えると、こういうことになる」

Xがある　↓　Aがある、Bがある、Cがある

「いいだろうか。基本的におまえたち人間は、今示した例のように、存在しているモノを、部分に分割しその構造を明らかにすることで理解しようとする思考の癖を持っている。だが、見ての通り、こうした説明では決して『ある』の説明にはならない。なぜなら、ただ『ある』という言葉を繰り返しているにすぎないからだ。つまり、こうした物事をバラバラに分割して把握しようとする自然科学的な探究方法では、それをどんなに突き詰めようと『存在の謎』を明らかにできる可能性は一切ないというこ

とだ。たとえば、木の棒を折ったとしよう」

急に熱のこもった口調で語り始めた先生は、その勢いのまま奪うように私から釣り竿を取り上げ、それを力任せにぽきりと折った。

「これをさらに折ろう。そして、さらに……まあ、折れなかったが、折れたとしよう。とにかく、こうして無限に折り続けていけば、この釣り竿は、最終的にはいよいよ分割できないくらいの小さな粒の集まりになるはずだ。仮に、その小さな粒に『原子』という名前をつけたとしよう。原理的に考えれば、釣り竿は――もっと言えば、世界中のあらゆるモノは――原子からできていることになる。とすると、この究極の最小単位である『原子』によって釣り竿を説明することができたら、『我々は釣り竿の存在をすべて明らかにすることができた。釣り竿という存在についてもはや謎はない』と言えそうな気がする。実際、人間たちはそうした思考法でモノや世界を理解し、科学という学問を発展させてきた。が、先に述べたようにそんなやり方では絶対に『存在そのものを理解する』ことにはつながらないのだ」

「なるほど。モノを部分にわけて捉えようとしても、そのモノが『ある』こと自体には何も答えられない、と。では、分割するのではなく、モノそれ自体の性質について、つまりモノ全体を丸ごと考えていく方法ではどうでしょうか？」

「それも同じ話だ。たとえば、リンゴがあったとしよう。リンゴについて説明を求められたら、おまえはなんと答える」

「リンゴは果物である、とかでしょうか？　あ……」

「気づいたようだが、その場合でもやはり『ある』がでてきてしまう」

「いや、でも、それがダメだと言われたら、もはや何も言えないような気がしますが」

「そう、その通りだ。実は、このことは『あるとは何か？』という問いについて、とても深刻な事実を突きつけている。というのは、すべての思考、書物など、人間の説明はつまるところ『AはBである』といった形式の言葉の積み重ねでできているわけだが、そうすると今まで述べてきた通り、その形式の言葉の中に『ある』が含まれている以上、人間は決して『ある』を説明できないという結論になってしまう」

「ええ、ですから、それだと話は終わってしまいますよね。とすると、その問題をハイデガーが解決したということでしょうか？」

「いや、残念だが、彼は解決していない」

「え？　でも、ハイデガーは『存在とは何か』を考えた哲学者なのですよね？　だったら彼はその答えを見つけ出し、存在について何かを語ったと思うのですが？」

「もちろんそう思いたいところだろう。実際、彼は存在の秘密を明らかにする目的で『存在と時間』という有名な哲学書を書いている。だが、その本は未完のままで、上巻は発刊されたものの、続きの下巻は結局書かれなかった」

「ではつまり、ハイデガーも『存在とは何か』がわからなかったと……」

「そうだな。わからなかった、もしくは、わかっていても書けなかった、のいずれかだろうな」

先生の言葉に私は混乱した。

いやいや、ちょっと待ってほしい。その問いかけが難しいという理屈は、先生の話で重々承知したつもりだった。だが、だからといって本当に「難しくて答えられない」が答えになるとは思わなかった。だって、そうだとしたらあまりにもお粗末すぎる。だからこそハイデガーという哲学者が何か画期的な方法でその結論を覆したのだと期待し、ここまで話を聞いてきたのだが……。

「存在」とは、思考の土台である

苦い表情をする私を見て先生は大きく笑った。

「はっはっは、そんな顔をするな。無理なものは無理なのだから仕方なかろう。それは哲学者でも神様でも同じことだ。もちろんおまえとしては、存在の謎に生涯を費やした哲学者でさえ語れなかったことを、我々がこうして論じていることに意味はあるのかと言いたいのだろう？　もちろん意味はある。この問いの不可能性——すなわち、『人間は存在について何一つ語れないのだ』ということを受け止めて考えることで、少なくとも二つのことがわかる。まずその一つ目——それは、人間の思考にとって『存在』は大元の前提であり、建物の土台のようなものだということだ」

「土台？」

「そもそも不思議ではないだろうか？　人間はいくらでもどんなことでも考えること

ができる。すでに過ぎ去った過去の出来事から、まだ起きていない未来の出来事——はては現実に存在しない空想の出来事まで、あらゆることを考えることができる。そんな万能ともいえる想像力を持った人間の思考が、なぜ『存在（ある）』についてだけ語ることができないのか。その理由は、先も述べた通り、思考において『存在』は土台のような位置づけのものであるからだ。土台から生み出された建物が、自らの土台を支えることはできない。当たり前の話だな。ほかに、もうひとつ例を出すとして、論理学というものを考えてみよう。といっても、難しい話ではない。

①人間は必ず死ぬ。
②ソクラテスは人間である。
③ゆえに、ソクラテスは必ず死ぬ。

といったぐらいの単純な論理の話でかまわない。さて、今述べたことは『論理的に正しい』わけだが、この『論理的に正しい』がどういうことなのか、同じように論理的に説明することは可能だろうか？」

「……うーん、直感的には無理のような気がします。うまく言えませんが、論理が自分の正しさを論理で語れるわけがないというか……」

「おお、だいたいの核心はつかんでおるぞ。もう少し丁寧に言えばそれはこういうことだ。たとえば、『論理的に正しいとは何か』について、誰かが論理的に説明できたとしよう。さて、その説明が有効なものだとしたら、それは当然『論理的に正しい』ものでなくてはならない。おっと、また『論理的に正しい』がでてきてしまった」

「なるほど、『ある』の話と同じですね」

「そうだ、Aを説明したいのに、その説明の中にAが出てきてしまう例のやつだ。『論理的に正しい』すなわち『真』というのは、論理において土台、前提のようなものであり、論理が自らの土台であるところの『真』について語るのは原理的に不可能だと言える。そして、この構図は、人間の思考と存在についても同様に当てはまる」

「つまり、存在（ある）は人間の思考を成り立たせている土台であり、だから人間はそれを語れないのだ、と」

「そうだ。したがって『存在とは何か』というのは、『○○とは何か』という単なる問いのパターンのひとつではなく、人間においてまさに本質的な問いだということがわかる。そして、この問いの重要性に気づいている哲学者は、歴史上自分ただ一人だとハイデガーは豪語しているわけだな」

なるほど、そこがハイデガーの偉いところというわけか。たしかに「存在」が人間の思考において、そこまで重要だなんて考えたことも聞いたこともなかった。

「では、二つ目の話をしよう。『人間は存在について語れないにもかかわらず、なぜか存在についてわかってしまっている』という不思議な事実についてだ」

「人間が存在をわかっている？」

「実際そうではないだろうか。今までさんざん『人間は存在について語れない』と言ってきたわけだが、そうは言ってもおまえだって『存在』という言葉の意味はなんとなくは理解しているだろう？」

「はい、してます、してます」

私は大きくうなずいて続けた。

「実は、そこに違和感があったのです。存在について語れないと言いつつも、日常的に私たちは『存在する』や『ある』という言葉を話して使っています。使っているわけですから、それらの言葉を理解している、わかっているということですよね？」

「その通りだ。わかっていなかったら、当然それらの言葉は使えないだろう。だから、やはり人間は、存在とは何かがわかっているのだ」

「語れないのに、ですか？」

「そう！　まさにそこだ！　そこが二つ目の話の肝であり、ハイデガー哲学の入り口における核心部分でもある。いいだろうか。人間は、存在とは何かが語れないにもかかわらず、存在の意味を理解し、存在を土台とする言語を駆使している。これは、どう考えても不思議で神秘的なことではないだろうか？」

「たしかに不思議な感じはします。神秘的かと言われるとちょっとわかりませんが」

「いやいや、それを神秘的と思えるかどうか、ここが哲学を志す人間においてもっとも重要な資質であり、理解のターニングポイントだ。もっと具体的に言えば、人間自体を神秘的なものとして捉えられる感性があるかどうか。もし、人間が神秘的なものではないとするなら、人間という生物は、タンパク質という有機物の塊――言わば機械のようなものであり、壊れたら動かなくなる、ただそれだけのモノに成り下がってしまうだろう。もし、人間が、そうした機械、ただのモノにすぎないとするならば……、人間には尊厳もなければ、世の中に正義も美もない――すなわち哲学をやる意味すらなくなってしまうのではないだろうか」

「人間がただの機械にすぎないのだとしたら……」

私は、歯車じかけの玩具の人形を思い浮かべ、それが人間だと考えてみた。そして、その人形たちがたくさん並んでいる状態を国家だと考えてみる。たしかに、それはぞっとする光景だった。そうだとすると人間の営みはすべて、組み合わさった歯車がギシギシと規則通りに動いた結果であり、その人形たちが「ア・イ」「セ・イ・ギ」と音を発したところで、そこには何の意味もないように思えたからだ。

人はなぜ死を恐れるのか?

「なるほど、言いたいことがわかった気がします。少しずれますが、死が怖い理由も、その話につながっていると思いました。私はただのモノであり、死んだら終わるだけの肉の塊にすぎない……。もちろんそんなふうに自分を思いたくはありませんが、死はそのことを容赦なく突きつけ、『すべてを無意味だと感じさせてしまう』――だから怖いのだと思うのです」

「うむ、まさにその通りだな。もちろん、そうは思わないという人もいるだろう。『人間はただのモノで、死んだら終わりだ』と言われても、何にも感じず『そんなこと知ってるよ、だからどうした』と軽く答える者もいるかもしれない。だが、そういう者でも明日死ぬぞと言われ、死が差し迫っていることを唐突に知れば、そんなことは言っていられないはずだ。おそらくは『なぜだ？　どうしてだ？』と取り乱し、人生が消えて無くなることに慌てふためくだろう。人間は、無意味――虚無に耐えられるようにはできてはいないのだ。

いいかよく聞け、若者よ。たしかに人間には素晴らしい認識能力、思考能力がある。それにより物理法則や論理規則を知り、世界を正確に把握することができる。だが、それだけでは、規則通りにモノが動くだけの機械的な世界観しか生じず、そこには人間が生きる尊厳も意味も決して見つかることはない。だから、若者よ、本当に大切なものを知りたいとおまえが願うならば――その『機械的な世界観という枠』の外側に出なくてはならない」

「枠の外側……」

「そうだ。人間に尊厳というものが、もしもあるのだとしたら、それは『機械的な世界観の外側』――『枠の外側』にしかない。そして、哲学とは、その『枠の外側』を指し示すものなのだ。もしかするとおまえは、哲学者とは、世界の出来事や物事の成り立ちを、優れた知性で解き明かし説明する者だと思っていたかもしれない。いいや、違う。本来哲学が語る対象は機械的な世界観の内側にはない。むしろ哲学の仕事は『世界には説明できないものがある』ということを示すことで、枠の外側――機械的な世界観を超えた新しい可能性――を指し示すところにあるのだ。だから哲学者は、哲学をすればするほど世界から『説明できないもの』を見つけ出さなくてはならない」

「説明できないものを見つけ出すことが哲学……」

「最初に言ったハイデガーの哲学の定義を思い出してほしい。彼はこう言っていた。『哲学とは考えられないことを考えることだ』と」

ハッとした。ついさっきまで私は、ハイデガーが結局存在の謎を説明できなかったと知ってがっかりしていた。そして説明できないものに関わったことを時間の無駄にさえ感じてしまっていた。だが、今ならわかる気がする。本当に大切なものは説明できないところにあり、説明できないものを見つけることが大事なのだと。

「説明できないもの……。つまり、人間が『ある』を理解していること、ですか」

「そうだ。人間という生物は、語れないものを語っており、理解できないものを理解しており、考えられないものを考えている――これほど不思議なことがまさに今おまえの中で起きているのだ！　この神秘さに驚くところから哲学は始まっていると言って良いだろう！　おっと、少しばかり日が落ちてきたな。ここらで一旦整理しよう。

①ハイデガーは『存在（ある）とは何か』について考えたが、原理的な問題により、それは語れるものではなかった。

②しかし、にもかかわらず、なぜか人間は『存在（ある）』について理解し、それを言葉として使っている。

さあ、どうだろうか？」

「はい、大丈夫です」

「さて、ここまではハイデガー哲学のまだ入り口にすぎない。ここからハイデガーは、次に『人間とは何か』という新しい問いかけに踏み込んでいく」

「人間とは何かですか？」

「そうだ。もちろんハイデガーが知りたいことはあくまでも『存在とは何か』である。しかし、その答えは直接言葉にできるようなものではなかった。しかし、手掛かりとして、人間はなぜか『存在』が基盤になっている言語を使えている。ならば、次はその手掛かりをもとに、存在の謎に迫るしかない。すなわち――


『人間とは何か？』

『人間とはどのような存在なのか？』


それを問いかけるということだ。いいだろうか、若者よ、おまえはまだ人間についての何も知らない。にもかかわらず、ぼんやりと人間とはこういうものだと思っており、人生や死について早計に結論を出したりする。だから、おまえは知らねばならない。人間とはこの世界において、どういう存在であり、どういう在り方をしているのかを。さて、いよいよ日も暮れてきたな。もし続きが聞きたければ、また明日もきなさい」

第2章

現存在

「おはようございます、王子」

従者の声で目を覚ました私は、なんの抵抗もなくムクリと起き上がった。この感覚は、そう、久しぶりによく寝たというやつだ。きっと今までにないことを考えて頭が疲れ果て、その分よく眠れたのかもしれない。

窓の外は快晴。花の香りとともに涼し気な風が吹き込んでくる爽快な朝であった。が――それに反して従者の顔は曇っているように見えた。気のせいかと思ったが、朝食を食べ終わる頃には、彼の暗い表情から送られてくる視線が哀れみだと気づき、私はすべてを察した。

――彼は「私がもうすぐ死ぬこと」をどこかで知ったのだ。

情報の出所はもちろん主治医であろう。本来なら私の身体のことを誰かに勝手に話すのは許されないことだが、王子である私が突然死ねば担当医師として立場を失うのだから、あらかじめ王や大臣に私の状況を伝えておいた、というのは容易に想像ができる。そして、それが従者にまで伝わったということなのだろう。

そんなことを考えながら朝食を済まし立ち上がったところで、大勢の従者たちが部屋に入ってきた。何事かと思ったが、私はその者たちによって礼服に着替えさせられ、宮廷画家の前に引き出された。なるほど、死ぬ前に私の姿を残しておこうというわけだ。

「まったく王子の美しさは芸術品ですな！」

媚びを売りながら筆を走らせる画家の話を、私は椅子に座りながらぼんやりと聞き流していた。おそらく死後、王の息子として城の中に飾られるのだろうが、はたしてそんなことに意味はあるのか？

ある程度の下書きが終わった頃を見計らい、私は立ち上がった。こんなものを描いてもらったところで、肖像画の私が代わりに死んでくれるわけでもないし、代わりに生きて年老いてくれるわけでもない。だったら生きている私の時間を大切にするべきだと思ったからだ。あとの仕上げは画家一人で何とでもなるだろう。

画家の制止を無視し、私は部屋を出た。時間を無駄にしてしまった。早く森に行かなければならない。と、そのとき廊下の奥のほうに、大臣が背を向けて歩いているのが目に入った。

ちょうどよかった。私は呼び止めようと駆け出したが、靴音に気づいたのか、大臣は急に小走りになり、あわてて近くの角を曲がってしまった。

私は大声で叫んだ。

「おい大臣！　私に気づいて逃げ出そうとするとはどういうつもりだ！」

誤魔化せるかどうか迷ったのだろう、しばらくしてようやく、曲がり角から大臣が姿を現した。

「ああ、これはこれはオスカー王子。ご機嫌うるわしゅうございます。いやあ、そこにいらしたとは、まったく気づきませんでした」

白々しい。だが、今はそれを追及している場合ではない。

「大臣よ、事情は聞いているだろうが、私はまだ王子だ。それは正しいか？」

「はい、もちろんでございます」

「では、ひとつ頼みがあるのだが、馬車を用意して森の入り口まで私を運んでくれ」

「それはかまいませんが、いったいどのような――」

「理由を説明するつもりはない。それとも私の言うことがきけないのか？　おまえは国王から私のどんな気まぐれな望みでも、叶えるよう命令されているはずだが」

「いえ、大変失礼いたしました。すぐにご用意いたします」

「人間とは何か？」ハイデガーの答え

森の入り口についた私は大臣を置いて、先生がいる湖へと向かった。先生も待っていたようで、私を見つけると小舟の上から手招きし、すぐに私を迎え入れてくれた。

「さて、まずおさらいだが、昨日は『人間は存在について語れないにもかかわらず、それを理解している不思議な生き物だ』ということを説明した。そして、だからこそ、存在の謎に迫るためには、人間について理解を深めなくてはならないという流れになったわけだ」

「はい、そうですね。では、そうすると今日は、ハイデガーが人間についてどのように考えていたのかを教えてもらう感じでしょうか？」

「そうだな。だが、ひとつ訂正しておくが、ハイデガーは人間のことを人間とは呼ばず、『現存在《げんそんざい》』と呼んでいる」

「現存在ですか？　聞いたことのない言葉ですね」

「それはそうだろう。なにせハイデガーが自分で考えた言葉だからな。現存在――つまり『今ここに、現に存在する』といった意味なのだが……はっはっは、ピンときていない顔をしているな。ハイデガーの哲学が難しくて敬遠されがちなのは、まさにこうした造語が多いところだろう。実際、彼の書いた哲学書を開くと『現存在は○○である』といった文が大量に出てくる。ただでさえ、ハイデガーの哲学は存在について難しい話を展開しているのに、その主語にあたる人間についても、現存在という造語を使っているのだから、存在という言葉が多く出てきて非常に読みにくい。ちなみに、昨日ハイデガーの名言を伝えたとき、わかりやすく人間という言葉を使ったが、本当の文章では現存在と書かれている。ハイデガーの主著である『存在と時間』にはこのように書かれている」

『死は現存在自身の最も固有な可能性である。この可能性へ臨む存在は、そこで現存在の存在そのものが賭けられているような、現存在自身の最も固有な存在可能を現存在に開示する』

「さて、どうだろうか？」

「いやいや、存在が多すぎて、まったく意味が入ってきません。別の言い方はなかったのでしょうか？」

「そうだな。ハイデガーは、他には人間のことを『世界内存在《せかいないそんざい》』とも呼んでいる。人間は、世界を外側から眺めているような独立した存在なのではなく、つねに世界の『内側』に存在しているという意味の造語なのだが――」

「同じですよ！　どれだけ存在が好きなんですか！　いや、ちょっと待ってください。そもそも『現存在』は人間のことなんですよね？　だったら、普通に『人間は○○である』という形で書いてくれればスッと読めると思うのですが、なぜわざわざ難しい書き方をするのでしょうか？」

「もちろん、意地悪で難しい書き方をしているのではない。そこにはハイデガーの哲学者としての切実な想いがある。まず哲学というのは、可能なかぎり個別の特徴を離れて対象を抽象化し、その普遍的な本質を出発点にして慎重に論を積み重ねていくものなのだが……、そうだな、たとえばおまえが『リンゴとは何か』を知りたくてリンゴについて哲学書を書こうとしたとしよう。その場合、おまえは主語をどのように書くだろうか？」

「そうですね、素直に『リンゴは〇〇である』と書きますね」

「しかし、それだと問題が発生する。せっかくゼロから、今まで誰も考えたことがなかったリンゴ論を考えようとしているのに、既存のリンゴの概念に引っ張られてしまうからだ」

「既存の概念とは、たとえば『リンゴは赤い』とか『甘い』とかですか？」

「そうだ。『リンゴ』という単語を見たら、すぐにそれらのイメージが思い浮かぶだろう？　たいていの言葉には、そういった概念がべったりとくっついている」

「それの何がいけないのでしょう？　リンゴが赤くて甘いのは当たり前だと思うのですが」

「その当たり前が、いつの時代、どこの地域でも成立する、リンゴを構成する普遍的な要素であれば問題はない。だが、地域が変われば青いリンゴもあるかもしれないし、酸っぱいリンゴだってあるかもしれない。それどころか、未来には星型の緑色のリンゴだってできるかもしれない。さて、それらがすべてリンゴだとすると、おまえが書いた『リンゴは〇〇である』という文章は、時代や場所によって人それぞれで読み方が変わってしまうのではないだろうか？」

「それはたしかに変わりますね。私は、赤いリンゴをイメージして書いていますが、読み手は青や緑のリンゴをイメージして読んでいるわけですから」

「しかし、それでは哲学書としてはダメだ。哲学とは、普遍的なものについて考える学問であり、哲学者はそれこそ一〇〇年後でも一〇〇〇年後でも参照されるような思索、すなわち真理に到達したいから人生を賭けてあれほど分厚い本を書いているのだ」

「人間について哲学書を書く場合も同様ということでしょうか？　時代や場所によって読み方が変わってしまう、と」

「その通りだ。『三角形とは〇〇である』と書くのであれば問題はない。それは定義がはっきりしていて、時代や場所が変わっても読み方が揺らぐことはないだろう。だが、『人間とは〇〇である』と書くときは気をつけなくてはならない。それは、時代や場所、いや、それどころか立場が変わるだけでも、まったく異なる受け取り方ができてしまう言葉だからだ。だから安易に『人間』という言葉は使えないし、使いたくないのだ」

時代、場所、立場。それらによって人間という言葉の受け取り方が変わる……。正直想像もつかないことだが、たしかに王族である私が考える人間と民衆が考える人間が、異なる可能性がないとは言えないだろう。

「では、どうすれば、その受け取り方の違いを避けられるのでしょうか？」

「それは、その言葉を抽象化した表現に言い換えるのが良いだろう。たとえば、リンゴを抽象化するとしたら、おまえは何と表現するだろうか？」

「果物……とかでしょうか」

「そうだな、それもありだ。だが、まだ足りない。もっと抽象度をあげてリンゴを表現してみよう。たとえば『他者に食べられることを前提に実るモノ』というのはどうだろうか？」

「なるほど、それはたしかに抽象的です。でも、待ってください。それだと少し長すぎませんか？　それが主語で毎回出てきたら、さすがに文章が読みにくくなりそうです」

「ははは、そうだな。まったくもって読むにたえるものにならないだろうな。だから、短縮した新しい言葉――造語を作るわけだ。今回の場合はそうだな――『被食実物《ひしょくみぶつ》』

なんてどうだろうか」

「それぐらいなら良さそうです。しかし、初めて本をパラパラとめくった人は面食らいそうですね。いきなり『被食実物』という今まで聞いたことのない言葉が出てくるわけですから」

「まさにハイデガーの哲学書がそれだ。だが、こうした言葉を出発点に思索を進めれば、既存の概念や思い込みにとらわれず普遍的な論が作れそうだろう？　だから、基本的に哲学書というものは、抽象的な言葉や造語が大量にあって読みにくくなりがちなのだが、そこには相応の理由がきちんとあるのだ。もっとも、ハイデガーの場合は、過度に造語を作りすぎて同業者からも『難解すぎる』と言われているのだがな」

人間は「いつか必ず死ぬ不幸な存在」なのか？

「なるほど、とりあえず哲学書に聞きなれない用語がたくさんある理由は理解できました。では、ハイデガーは人間を『現存在』と書き表すことで、どんな抽象化を行いたかったのでしょうか？」

「うむ、『現存在』の元の言葉はドイツ語で、直訳では『今ここに存在する』という意味になるが、ハイデガーはこの言葉で、人間を次のように表現したかったのだとされている。

『世界に投げ出されていると同時に、自らをその存在可能に向かって投げ出す存在であり、自己を現にそこにあるものとして存在そのものと関わる存在』

さて、これは『現存在』という用語についての、いわゆる教科書的な説明なのだが、どうだろうか？」

「……すみません、よくわかりません。それぞれの言葉の意味はわかるのですが、全体として結局何を言いたいのかわかりませんでした」

「いや、それで良い。実際、多くのハイデガー哲学の入門書が最初にこの『現存在』の説明を試みているのだが、たいていは初学者にとってピンとこない教科書通りの説明をしたあと、『まあとりあえず、現存在は人間と読み替えてもらえば良いですよ』と言って匙《さじ》を投げることがほとんどだ。わたしもそれに倣《なら》おうと思う。とりあえずは、ハイデガーが『現存在』と言っているところは、すべて『人間』という言葉に読み替えて説明するつもりだ。だから、一旦、さきほどの現存在の説明は忘れてもらってかまわない。だが――『現存在』という言葉だけは、頭の片隅で覚えておいてほしい。『人間とは何か』を分析したハイデガーが、人間を『現存在』と表現しているのだから、ある意味では『現存在』がそのまま彼の人間分析の結論でもあるからだ」

「そうすると、ハイデガーの人間分析――彼の哲学を学んでいけば、さっきの現存在の説明がわかるときがくるということでしょうか？」

「そうなるかもしれないし、そうならないかもしれない。結局はおまえが人間をどのように抽象化して理解するかにかかっている。だからまずは、おまえ自身が人間を実際に観察して『なるほど、これが人間の本質的な特徴だ』と思うものを取り出し、それにしっくりくる名前をつけてみてほしい。それがハイデガーにとっては『現存在』という言葉だったわけだが、おまえにとっては、まったく違う言葉になるかもしれない」

「いつか必ず死ぬ不幸な存在……」

「ん？」

「あ、いえ、もし自分が人間を抽象化するとしたら、こう表現するかと思いまして」

「なるほど、それが現時点における、おまえの人間観だというわけだな。よろしい。実際にそう思うのだから、それでまったく問題はない。だが、哲学で大事なのはすぐに結論を出さないことだ。昨日も言ったことだが、おまえは人間というものをまだわかっていない可能性がある。たとえば、おまえは自分を王族だと言っていたが、だとすると街の人間たちのことをほとんど知らないのではないか？　自分の閉じた世界の中だけで人間観を作るべきではないだろう。立場上、難しいのかもしれないが、おまえは外部の人間ともっと触れ合うべきなのかもしれない。おっと、雨が降ってきたようだな。少し早いが今日はここまでにしよう」

◆　◆　◆

森の入り口に戻ると、大臣が巨木の下で雨宿りをしながら待っていた。労をねぎらおうと近づくと、雨音にまぎれて、いびきが聞こえてきた。どうやら待ちくたびれて眠ってしまったようだ。木を背もたれにして立ったまま器用に寝ている。私は大きく息を吸い込み、大臣に声をかけた。

「おい大臣！　その場所は私がサソリに刺された場所だが、大丈夫か!?」

ヒッという奇声を発し、文字通り大臣は飛び起きた。あわてて自分の衣服にサソリがついていないかを確認する。そして異常がないことがわかると、ほっと胸をなで下ろした。

「驚かさないでください王子。用事はもう済みましたか？　さあさあ、馬車にお乗りください。雨が酷くなる前に早く城へと戻りましょう」

促されるまま乗り込むと、馬に鞭を入れる音が鳴り響き、すぐさま馬車は走り出した。

雨はしだいに強くなっていった。馬車の天井に当たる雨音がそれを知らせていた。私はその音を聞きながら今日のことを思い出す。

現存在……。そして人間とは何か……。

私はふと思い立ち、大臣に呼びかけた。

「少し遠回りをしてくれ。街にいる人間を見てみたい」

「え、見ても愉快なものではありませんが……いえ、わかりました、おっしゃる通りにいたします」

しばらくすると、急にガタガタと馬車が揺れ始めた。

「おい、なぜ道の上を走らない？」

「いえ、道を走っていますが……」

「なに？　道なのに、なぜ平らにしていないのだ？　いや待て、その前にあの建物はなんだ？　馬小屋の用具入れのようなものがたくさん並んでいるようだが、そこから人が出入りしている」

「ええと、あれが国民たちの家でございます」

「なんだと……。なぜ用具入れに人間が住んでいるのだ？」

「彼らは平民であり、何の財産も持たない者たちでして、だからあのような家に住んでいるのです」

あれが人間の住む家だというのか……。

「もういい、帰るぞ」

家があそこまで汚らしくみすぼらしいということは、服も、食事も、ロクなものではないことは容易に想像ができた。なるほど、これが国民の——大多数の人間たちの暮らしだということか。とてもではないが自分なら耐えられない。

そのとき、ガタッという大きな揺れとともに馬車が止まった。激しい鞭の音と馬の悲鳴が交互に聞こえたが、まったく動く気配がない。

「おい、どうした？」

「どうやら、車輪が泥のぬかるみにハマってしまったようです。まいりましたな、よりによってこんなところで」

「ここはどんなところなのだ？」

「川の近くなのですが、このあたりは特に貧民たちが暮らしているところでして……」

「貧民？　さっきの国民たちより、さらに貧しい人間がいるというのか？」

私は馬車の窓から外をのぞき見ると、その景色に絶句した。川辺のジメジメした土地、そこに木の棒をたてて、薄汚れた布をかぶせただけのテントのような家がたくさん立ち並んでいた。

こんなところに暮らしている人間もいるのか、教会のネズミだってもう少しマシな生活をしているぞ。

「そこのおまえたち、後ろから押せ！　馬車を動かせたら、これを一枚やるぞ！」

大臣が窓から顔を出し、金貨をちらつかせながら大声を出した。

その場にいた者たちが、わらわらと集まってきて馬車を押し始める。しかし、それでもまったく動かない。

「もっと人手が必要だ！　おい、そこの女、何をしている⁉　おまえも手伝え！」

大臣はイライラしながら、ぼんやりとテントの中に座ったままの女を指差した。大臣の言葉に、馬車を押している男の一人が反応した。

「旦那、あいつは目が見えないので勘弁してやってください」

女は自分のことを言われているのだと気づき、顔を上げた。その顔は暴力を受けたのだろうか、両目の部分が黒く腫れ上がっており、たしかにまぶたが開けられる状態ではなかった。

「あっ……」

私は思わず声を上げてしまった。傷の酷さに驚いたからではない。その女に見覚えがあったからだ。

「わたしも手伝います」

女の声が私の確信をさらに深めた。やはり彼女は、かつて森の入り口でみじめに命乞いをした女であり、そして私が青いサファイア付きの靴で顔面を思いきり蹴り上げた女であった。

女は立ち上がり、雨の中、よろよろと手探りで馬車のほうへと歩き始めた。とっさに私は、目が見えないはずの彼女の視線から逃れるように、馬車の奥へと引っ込んだ。

おそらく彼女は森での出来事のあと、治療を受けずに傷をそのまま放置したのだろう。その結果、傷口がただれ、あのような状態になり目が見えなくなったに違いない。

それからしばらくして、さらに人が集まってきたのか、より大きな掛け声が起こり、馬車がゆっくりと動いたあと周囲から歓声があがった。どうやら馬車が無事、ぬかるみから脱したようであった。

「いやあ、よかったですね、どうなることかと思いました」

そう言って大臣は持っている袋から一枚金貨を取り出し、窓から放り投げようとした瞬間——私は衝動的に大臣が持っている袋を奪い取り、その中身をすべて窓からぶちまけた。金貨同士がぶつかり合う甲高い金属音が川辺中に響き渡る。

「ああ、王子なんてことを！」

悲鳴をあげた大臣の声を私は無視した。大臣はバラまかれた金貨をどうしようかとしばらく迷っていたが、貧民たちに次々と拾われていく金貨を見て、諦めたようにため息をつき、御者に「行け」と命じた。

来た道を戻り、再びガタガタと揺れる馬車の中で、大臣はしばらくの間、上の空でぶつぶつと呟いていた。時おり、指を動かすような仕草をしているところから、きっと失った金貨の枚数でも数えているのだろう。

一方、私はさっきの自分の行動を思い返していた。なぜ、私は金貨をバラまいたのだろうか。もしかして、罪の意識を持ったからだろうか。

罪？　罪とは何だ？

私の脳裏に、目が見えず、つまずきながらも馬車に向かって歩いてきた女の顔が浮かんだ。

いやいや、私は悪くない。あの女は、王家の狩り場、王家の私有地に立ち入るという本来なら殺されてもおかしくない大罪を犯したのだ。それを私は蹴るだけで済ましてやったとさえ言える。だいたい目が見えなくなったのも、あの女が適切な処置を怠ったせいだし、そもそも目が見えなくなったぐらいなんだというのだ。それに比べたら私は死ぬ。死ぬのだ。あの女の身に起きたことなど大したことではないではないか。

頭の中で何度もそう呟き、自分を納得させようとしたが、今の空模様と同様、気分が晴れることはなかった。

第3章

道具体系

翌日、また私は先生の教えを受けに湖へと来ていた。

昨日の女のことがまだ心に引っ掛かってはいたが、どう考えても自分の状況のほうが深刻である。それにもしかしたら、今ごろバラまいた金貨で治療を受けて、傷を治しているかもしれない。そう思うようにして彼女のことは忘れることにした。

空を見上げると、今にも雨が降り出しそうな曇り空だった。ぶ厚い雲が太陽を覆っており、辺りは薄暗く、湖はひんやりとした空気に包まれていた。私と先生は、湖のそばに転がっている大きめの石にそれぞれ腰をおろし、昨日の続きを始めた。

人間以外は、すべて「道具」である

「さあ、今日も人間の理解を深めていこう。先日から述べている通り、人間は、存在を語れないにもかかわらず、存在を理解している不思議な存在である。しかも、その存在が『存在とは何か』を問いかけているという、さらに不思議なことが、今ここに存在しているわけだが（笑）、こうした存在――人間のことをハイデガーは『現存在』と呼んだ」

存在という言葉が何度も出てきたが、先生の言っていることをすんなり理解することができた。きっと初めて聞いたら、まったく理解できない話だっただろう。それなりにハイデガーの哲学に慣れてきたのかもしれない。

「とりあえず、『現存在』という用語の名称はひとまず忘れてもらっていい。とにかく、ハイデガーは人間を分析し抽象化して、そういう言葉に置き換えたわけだ。このように哲学とは、物事を抽象化して考えていくという、言わば『抽象化ゲーム』のような側面があるわけだが――今日はこのゲームをさらに進めてみよう。昨日は人間を抽象化する話をしたが、では人間以外はどう抽象化して表すべきだろうか？」

「人間以外ですか？」

「そうだ、Aを考えるとき、あえてA以外を考えることでAの本質に迫るという逆のやり方もあるだろう？　というわけでだ。まずは単純に考えて、おまえ以外の周囲のものは、おまえにとってどう抽象化されるだろうか？」

言われて私は周囲を見渡してみた。釣り竿、小舟、湖、それから木や石などが目に入った。

「そうですね。私にとって周囲のものは、見たり触れたりできる確固たるものとして現実にその場所を占めている実体を伴った、ええとその……」

「ははは、難しく考えようとしなくてよい。ハイデガーも本来哲学は日常的な言葉を使って行われるべきだと言っている。実際、ハイデガーが人間以外をどう捉えたかというとまさに日常的で、それはずばり『道具』だ」

「道具って、作業のときに使う、あの道具のことですか？」

「そう。ハイデガーは人間にとって人間以外は『道具』だと述べている。この抽象化はどうだろうか、納得できないかな？」

「いえ、できますし、たしかに日常的な感覚として言いたいこともわかります。でも人間以外はすべて道具だなんて、ちょっと皮肉がすぎるような気もしますが」

「なるほど、そう聞こえるかもしれないな。では、そもそも道具とは何だろうか？」

私は道具と言われて思い浮かぶものを頭の中に並べてみた。フォーク、スプーン、それからクギやハンマーといったところだろうか。それらの共通点を考えてみる。

「ええと道具とは、何らかの目的を達成するために役立つ便利なモノでしょうか」

「そうだな。端的に目的達成の手段と言ってもいい。まずは、このハイデガーの分析

――『人間以外はすべて道具だ論』を受けて話を進めるが、彼はこの道具について、こんな秀逸な洞察を残している。

『道具は、それ単独では存在できない』

つまり道具とは、外部の目的や他の道具たちとの関わりがあってはじめて道具として存在できるということだ。たとえば、ハンマーという道具を考えてみよう。ハンマーは明らかにクギと関わりがあるだろう？　クギがないのに、ハンマーだけがあってもしょうがない。また、ハンマーでクギを打つのは、例えば家を建てるという目的とも関係している。こんなふうに、どんな道具も必ず他と関わっており、それ単独では存在できないのだ」

そして先生は落ちている枝を使い、地面に絵を描き始めた。

「さて、いいだろうか。この図のように、道具という存在は何らかの目的に対して、こうした道具同士の網の目のような繋がりをもっている。この『ある目的』における道具同士の繋がりの関係性をハイデガーは『道具連関《どうぐれんかん》』と名づけた。だが、わたしと

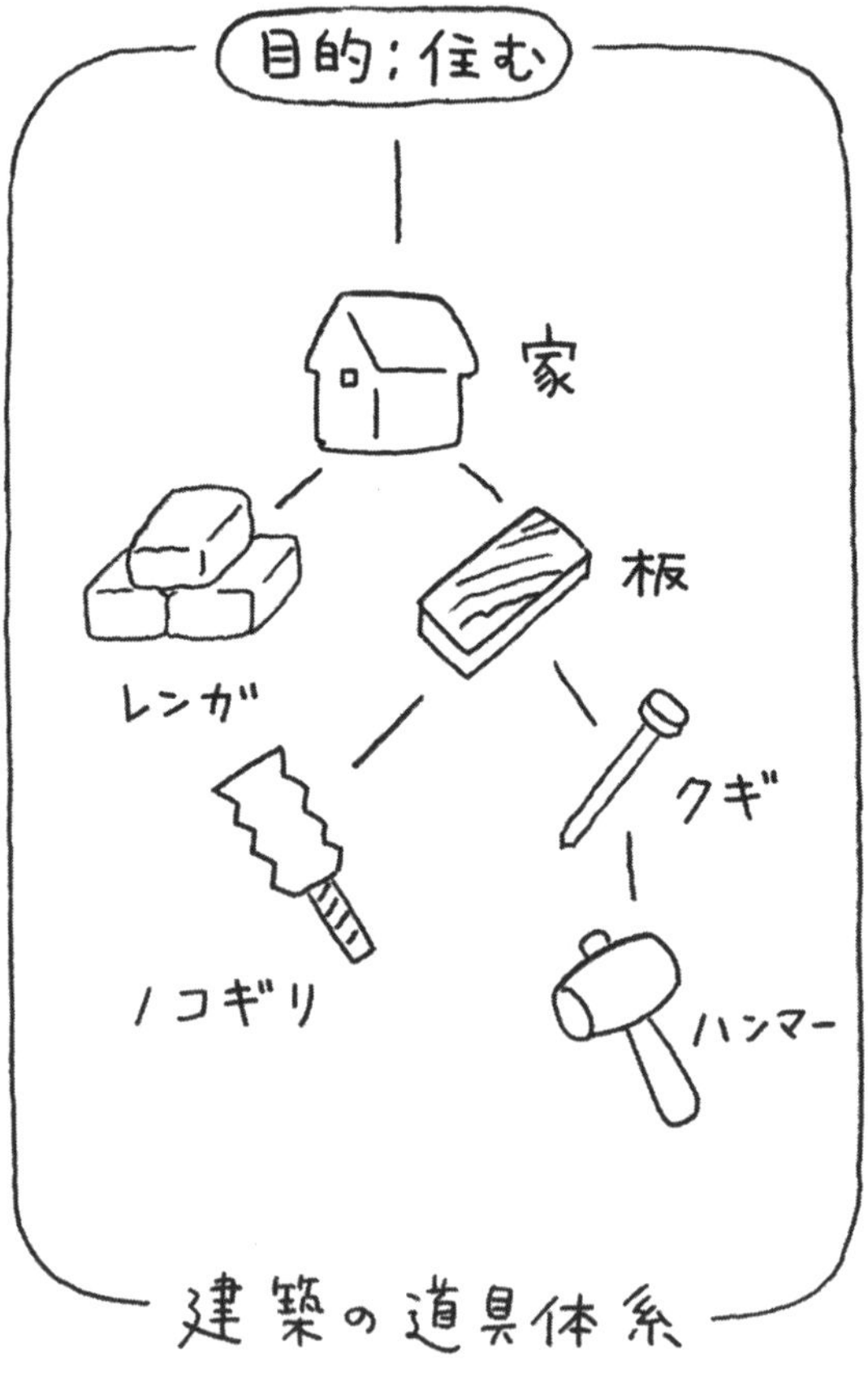
目的；住む
家
レンガ
板
クギ
ノコギリ
ハンマー
建築の道具体系

しては『道具体系《どうぐたいけい》』と言い直させてもらおう。連関より体系のほうがおまえもイメージしやすいだろう？」

「道具の体系……、たしかにそうですね」

「だからつまり、『住む』という目的を達成するために『建築』という道具体系があり、そこにはノコギリやハンマーやクギなどの道具が相互に関連しあって存在している、という感じだな」

「では、『食べる』という目的を達成するために『料理』という道具体系があり、そこにスプーンや皿やフライパンが存在している、という感じでしょうか？」

私も近くに落ちていた枝を拾いあげ、空いている地面に追加で絵を描いた。

「そうそう、その通りだ、いいぞ。ハイデガーのいう道具体系（道具連関）がどういうものか、これでわかったと思う。さて、ここで大事なのは、人間にとって人間以外のモノは、すべて『道具』であり、それゆえ必ず何らかの『道具体系』に位置づけられているということだ。これは逆に言えば、道具体系に位置づけられない道具、つまり『単独の道具』は存在しないということになる。実際の話、『単独の道具』すなわち『それ自身が目的となっている、それ単体で自己完結した道具』というものをおま

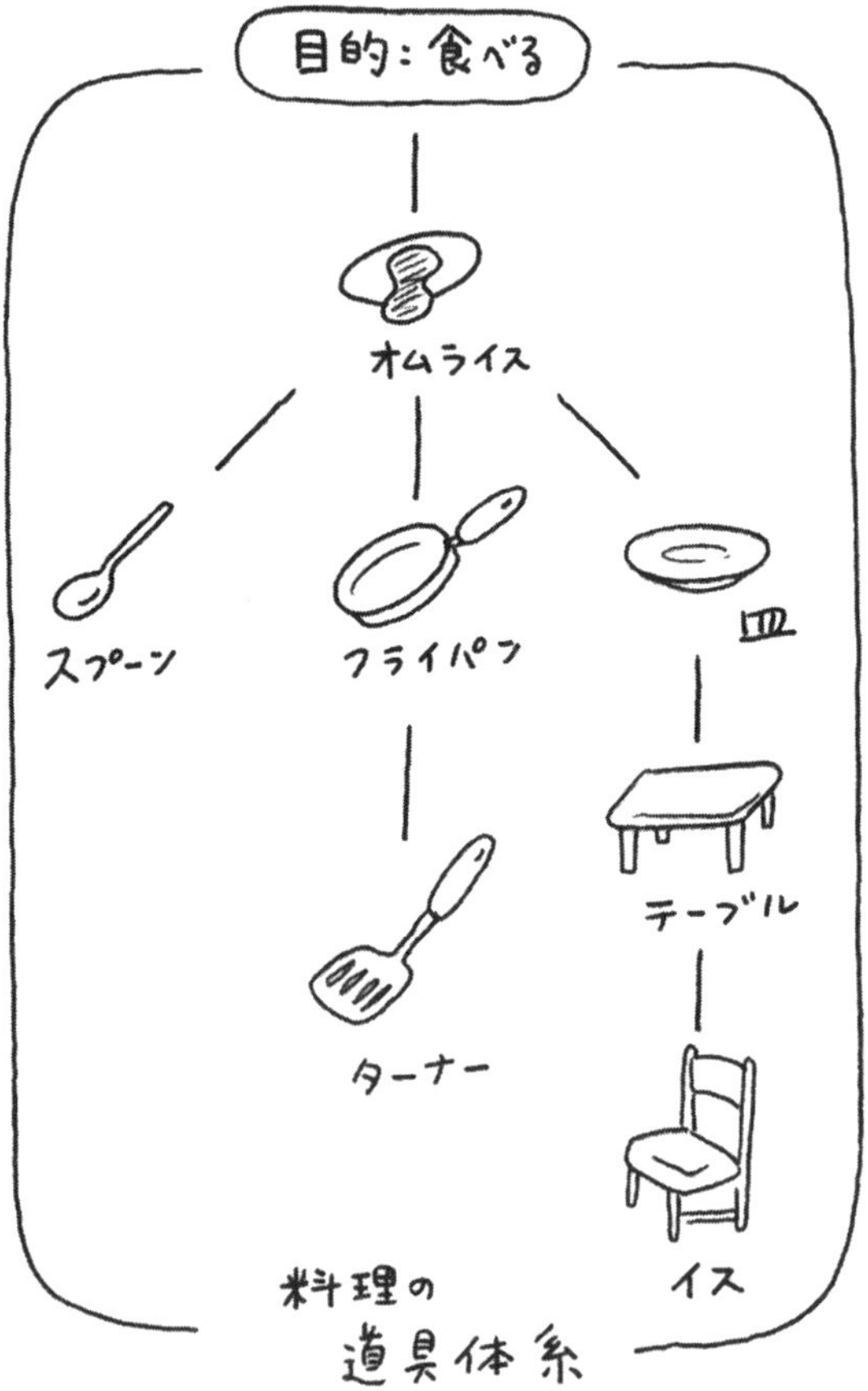
目的：食べる
オムライス
スプーン
フライパン
皿
ターナー
テーブル
イス
料理の
道具体系

えは想像できるだろうか？」

「そうですね……、考えてみるとたしかに想像できないですね。ただ……」

先生の言っていることは、おおむね理解できたし異論はない。道具なのだから、当然それを使うための目的が必ずあるわけだし、目的のない道具はもはや道具ではないだろう。また他のモノに作用を及ぼす関係性があるのも道具ならば当然だ。だが、一方で直観的に何か違和感を覚えていた。

「先生の、いや、ハイデガーの言っていることが正しそうなのはわかるのですが、すべてのモノは道具だと言いつつも、しかし道具ではないモノ、道具体系に位置づけられないモノもどこかにあるような気もするのです。だって、ほら、世の中には何の役にも立たないモノだってあるじゃないですか？」

「ほう。では、具体的にどのようなモノがそれに当てはまるのかな？」

「そうですね……、たとえば『壊れた道具』はどうでしょうか？」

「なるほど、反論のひとつとしてなかなか良いところに目をつけたな。だが、実際はどうだろうか？　たとえば、おまえが顔をぬぐおうとして、ハンカチを取り出したとしよう。もし、そのハンカチが汚れていて、想定していた機能を果たさなかったとする。そのとき、ハンカチは『壊れた道具』だと言えるわけだが、そのとき、おまえはどんな感情になる？」

「それはまあ、使えないのだから、残念だな、と思うでしょうね」

「まさにその感情が、その物体を道具として見ているという証拠ではないかな。おまえは『その物体は機能的に壊れているのだから道具ではない』と言いたいわけだが、実際には『道具として使えないな』という視線をその物体に向けている時点で、それを道具扱いしているのは自明だろう？　『むしろ道具が壊れているときにこそ、道具としてその物体に注視する』というのはハイデガーの言葉だが、実際、壊れたハンマーがあったら、こんなふうに図の中に位置づけられるはずだ」

先生は、ハンマーの隣に、壊れたハンマーを描き、それとハンマーを線で繋いでみせた。

「なるほど、壊れたハンマーも、たしかに道具体系に位置づけようと思えばできますね。そもそも壊れた『道具』と言ってしまっているのだから、道具からは逃れられない、と。しかし、では『自然』はどうでしょうか？　たとえば、草は道具ではありません。草は草として独立して存在しているのではないのですか？」

「もちろん、草の立場からすれば『俺は人間の道具じゃない！』と主張するだろうな。だが、おまえにとって、すなわち人間にとって草は本当に単独で存在しているのだろうか？　たとえば、おまえの住まいの庭には芝生はあるか？」

「あります」

「なぜ、そこに芝生をはやしている？」

「それは、緑が綺麗で、座ったときに服が汚れないから……あ」

「ほら、みろ。おまえは草ですら道具として見ている。もし、その草が汚い色で臭かったら、すぐに抜いて植え替えるだろう？　おまえは、おまえたち人間は、自然ですら道具としてしか見ていないのだ。ほかにも『石ころ』だってそうだ。仮におまえが誰かに『おまえは石ころみたいなやつだな』と言われたら、どんな気分になる？　なんの役にも立たない、とるに足らないやつだ、と侮辱されたと感じるだろう？　ほら、それだって、やはり『石ころ』を道具という観点で見ている証拠ではないか」

なるほど、言われてみればその通りだ。たとえば、空に浮かんでいる雲。一見すると道具じゃないし、使い道なんかないように思われる。だが、「雲とはどんなものか」と問われれば「雨を降らせるモノ」「太陽の光を遮《さえぎ》るモノ」といった「どう役に立つか」という観点の答えがすぐに浮かんでくるわけで……、たしかに、自分以外のモノを抽象化した言葉としてもっとも当てはまるのは「道具」なのかもしれない。

「道具」がなければ、私たちは生きていけない

「では、その道具体系はどこからきたのでしょうか？」

「赤子の状態を考えてみてほしい。彼は、世界を把握することができないし、自分がこの世界にいるという感覚すら持っていない。まったくの夢の中、まどろみの中にいるような状態だ。そんな赤子に対して、親は世話をしながら赤子に世界を教えていくわけだが、それはつまるところ、『道具体系を教え込む行為』そのものではないだろうか。皿があり、スプーンがあり、おわんがある……。そういったモノの存在をひとつずつ実践を通して『使い方』という観点で覚えさせていく。それは端的に『道具体系（モノの使い方という文化）』を植えつけているのだと言っていいだろう。たとえ

ば、こんな絵の光景を思い浮かべてみよう」

先生は枝を素早く走らせて絵を描いた。

「皿の上にリンゴが乗っていて、スプーンとフォークがありますね」

「そうだ、大人であればすぐにこの絵をそのように認識するだろう。だが、赤子にとってはそうではない。何がそこにあるのか、まったく理解できないだろう。

というのは、何も知らない状態で見れば、これはただの模様にすぎないからだ。線が混ざり、重なり合っており、どこをどう区切って把握すればよいかもわからない。そんなグチャグチャの意味不明の模様――それがこの絵の本来の姿のはずなのだ」

私は、もう一度、絵をじっくりと見てみた。当たり前のようにリンゴがあるなどと答えたが、冷静に見ればただ線が重なり合っているだけであり、どこをどう区切るかなんていく通りもある。この絵から「リンゴがある」「フォークがある」と言い出すには、たしかにそれ相応の知識がないとできないことだろう。あと、そういえば、リンゴの手前にある長い線の模様は何を表しているのかさっぱりわからない。これも食事に関係する何かの道具なのだろうか……？

「さて、そんな意味不明の模様に対して、何らかの『道具体系』を繰り返し教え込むことで、次第に赤子はそこに『スプーンがある』すなわち『モノがある』と認識できるようになる。そして、同時にこうしたモノ――道具を使っている者こそが『私である』と気づいていくわけだが、そう考えると、実はこの道具体系こそが『世界』を生み出している源泉だと言えないだろうか。ここは大事なところなので繰り返すぞ。いいか、見たり触れたりできるモノの集まりが世界なのではない。むしろ、この『道具体系』の集まりこそがおまえにとっての世界なのだ。実際、ハイデガーはこう述べている。『複数の道具体系が重なり合ったもの、それが世界である』と」

「複数の道具体系が重なり合う？　料理や建築など、道具体系が複数あるのはわかりますが、それらが重なっているというのはどういうことでしょう？」

「では、これを見てほしい。何をしている絵に見えるだろうか？」

「包丁を持っていますね。料理をしているように見えますが」

「うむ、ひとつの解釈として正しい。料理という道具体系を当てはめれば当然そう見えるだろう。つまり、料理という道具体系によって、今、この人間が持っているモノは、『食材を切るための道具』としておまえの前に現れているわけだが、では武器という道具体系を当てはめたらどうなるか？　きっと今度は『人を刺すための凶器』としておまえの前に現れるのではないだろうか」

「あ……、そんなふうにも見えてきました」

「このことは、ひとつのモノであったとしても、それがどんな道具として現れるかは、当てはめる道具体系しだいだということを示している。我々が、今こうして座っているこの石もそうだ。石を一定の道具体系に当てはめて『椅子』という道具として見ているわけだ。つまり、世界は、役割が固定化された道具というモノの集合としてあるのではなく、複数の道具体系の重なり合いの結果としてあるのだということだな」

では、人間も「道具」なのか？

ここでひとつ気になる質問が浮かんだ。

「あの、私にとってすべては道具であるということですが、それは人間相手にも当てはまるのでしょうか？」

「ん？　それは、おまえから見て他の人間たちも道具なのかという問いだろうか？　そうであれば、その通りだ。おまえにとって自分以外の人間も何らかの目的のために存在する道具にすぎない。実際のところ、おまえはどう思っているだろうか？」

私は身近な他人として、大臣や従者の顔を思い浮かべた。私にとって彼らは道具であるのか？　広い意味で言えば、たしかに――

「たしかに道具かもしれません」

私は言いにくそうに答えた。

「はっはっは、そんなに気にすることはないさ。なにせ、おまえの周りの人間だって、おまえを道具だと思っているのだからな」

「彼らが私を道具に？」

「不思議ではないだろう？　自分にとって自分以外のモノは道具的な存在だという理屈なのだから、相手にとっては、相手以外のモノつまりおまえが道具になるのは当然だ」

なるほど、そうかもしれない。彼らが私の世話をしているのは、私が王子だからであり、その行為により彼らが得をするからだ。そう考えてみれば、たしかに私は彼らにとって目的達成のための手段であり、道具的な存在なのかもしれない。

「そうすると、最終的には自分も含めて世界にあるモノはすべて道具である――ということになるのでしょうか？」

「いや、それはまったく違う。世界においてあらゆるモノは道具だが、おまえだけは違う。おまえだけは特別な存在なのだ」

「私だけが特別？」

「いいか、よく聞け若者よ。道具が道具として存在できるのは、そこに目的があるからだ。目的のない道具なんて想像もつかないだろう？　では、その目的の根源はいったいなんだろうか。たとえば、ハンマーは、クギを打つ目的のためにある。クギを打つのは、家を作る目的のためにある。そして家を作るのは、そこに住むという目的のためにある。このように目的は連鎖しており、『何のためか』を問いかけることでその目的の根源へと遡《さかのぼ》ることができる。ならば、無限に目的を遡った先には何があるか。それは『自分自身』だ。どんな道具体系だろうと目的を遡れば必ず『自分のため』という究極の目的にたどり着く。つまり、世界のあらゆるモノは、『自分』という究極の目的のために道具として現れているのだ。だから本来、おまえは道具体系すなわち世界において、もっとも重要で特別な存在であり、かけがえのない存在なのだ」

「でも、相手は私のことを道具だと思っているのですよね？」

「そう、まさにそこが問題だ！　おまえにとっておまえは『世界においてかけがえのない存在』であるにもかかわらず、相手から見れば『ただの道具にすぎない存在』として世界に現れている。これはなんと皮肉なことだろうか。だが、真の問題は、ここからさらにややこしいところにある。それだけではなく、人間は、相手から道具だと思われながら日常生活を営むうちに、ついには自分から『自分自身を道具だと思い込む』ようになる」

「自分を道具だと思い込む？」

「そうだ。実際おまえは自分自身を他人のための道具だと思っているところはないだろうか？」

普段の日常生活を振り返ってみた。するとたしかに私は王家の王子として、王子らしい服をきて、王子らしく振る舞って生きているわけで、そのことをもって王子という国家の役割を自ら演じている——すなわち自分を道具として見なしている、と言えるのかもしれない。だが、そうだとしても。

「そういうところがあるかもしれませんが、しかし自分を道具だと思うことが何か問題なのでしょうか？　どんな人間にも役割があり、それを果たす責任があるのは当然ではないでしょうか？」

大臣にとって大臣自身が一番大切なのはわかる。でも、だからといって彼が自分を道具だと思って日々を生きてくれなければいろいろと困ったことになるだろう。人間が自分の役割を引き受けて――すなわち自分を他者のための道具と思って生きることは社会において必要なことだと思うのだ。

「ふむ、なるほど。人間が自分を道具だと思うこと、それの何が問題なのか。たしかに自己の道具化は社会を動かすためには必要なことなのかもしれない。だが、それは人間の『本来的な生き方』だと言えるのだろうか？」

本来的な生き方。講義の初日に聞いた言葉だ。印象深い言葉だったのでよく覚えている。先生は続けた。

「さっきも述べた通り、おまえ自身は道具体系における『目的の根源』だ。いわば世界の王様であり、かけがえのない存在だと言っていい。つまり、それがおまえの、いや人間の本来の姿——在り方なのだ。それなのに、人間たちは道具体系の中に自分を軽々しく放り込んで、何らかの道具として位置づけてしまう。そうなると、どういうことになるのか。そうだな、たとえば、おまえは食事中にスプーンが壊れたらどうする？」

「それはもちろん、他のスプーンに取り換えてもらいますね」

「そうだ。それが道具に対する正常な態度だろう。道具とは役に立つためにあるのだから、その機能を果たさなくなったら別のスプーンを使えばいい。なぜなら同じ機能を果たすなら、どのスプーンだろうとそれは『同じモノ』だからだ」

人はみな、「幸福な王子」として生まれてくる

私は、道具からの連想で、なぜかまた大臣を思い浮かべてしまった。もし彼が道具として使えなくなったら——いや、もっとはっきり言って彼が死んだとしたら——少

しは悲しむかもしれないが、きっとすぐに忘れて新しくやってきた大臣と今まで通りに過ごすだろう。そんな光景が容易に想像できた。そして、それはもちろん大臣側も同じことで、もし私が死んだとしても――

「そうですね……。壊れたら、似たような機能を持つモノを探して傍におくだけでしょうね」

「だろう？　『道具として見る』ということは、そういうことだ。そこには利便性はあっても、かけがえのなさは決して発生しない。ならば、その道具に自分がなったらと考えてみると、それはとても恐ろしい話じゃないだろうか。だって、本来かけがえのない存在であるはずの自分が『取り換え可能なスプーン』になったということなのだから。そんな生き方は断じて人間本来のものではないはずだ」

「なぜ、そんなことが起きるのでしょうか？」

「そうだな。それはとても不思議なことだ。そもそも赤子はみな王様――いや、子供だから王子と表現しようか。人間はみな、他者があれこれと世話を焼いてくれる幸福な王子としてこの世に生まれてくる。そして成長と共に道具体系を学び、あらゆるモノが『自分のため』の道具として世界に現れてくるわけだが、もちろん親ですら彼にとっては道具的存在にすぎない。まさに世界の中心——万能感あふれる存在だ。だが、そんな彼も、しだいにその万能感を失う。なぜなら、自分と同様に『他者もまた、自分を道具として見ている』ことに気がつくからだ。こうして彼は、自分が中心であるという感覚を失い、いつしか道具体系の中に自分の存在を位置づけるようになる。靴屋、仕立て屋、教師、父親、母親——様々な社会的役割を引き受ける、もしくは引き受けられないことにみじめさを感じたりするわけだが、いやいや、そもそもそうした自己の道具化が倒錯した勘違いなのだ。なぜなら、現存在はスプーンやフォークなどの道具的存在ではないからだ！」

現存在を人間と言い換えるのも忘れて、先生は興奮気味に叫んだ。

一方で、私はひどくショックを受けていた。「他人を道具として見ている」というハイデガーの洞察。私はそんなふうに他人を見ているつもりはなかった。さすがに誰だって自分のことを「他人を道具扱いしている薄情な人間」だと思いたくはない。

だが、実際に周囲の人間が死んだとしたら、きっと私は「割れた食器を取り換えるぐらいの感覚」で何事もなく代わりの人間と関係を結ぶだろう。そう考えると、ハイデガーの主張は決して否定できないように思えた。

また、私は自分自身を道具だと思っているつもりもなかった。なぜなら私は王子であり、他よりも特別でむしろ高貴な存在だという自負があったからだ。しかし、そんな自分であっても死んだとなれば——先ほどの話と同様、きっと周りは「割れた食器を取り換えるぐらいの感覚」で代わりの人間を国の後継者として用意し、何事もなく国家を運営していくだろう。

つまり世界は、私と無関係に続いていく……。

ここで問題なのは、私自身がそうした死後の状況を容易に想像でき、しかも、そんなものだろうと思ってしまっていることだ。それはつまるところ、私が自分自身をかけがえのない存在だとは「思えていない」ことの証拠であり、すなわち——

「私は自分自身を道具的な存在（交換可能な存在）として見ている」

ということになるわけだが——ああ、そうか。まさに死の恐ろしさはそこにあったのだ。

私は今、自分の中に起きた理解を整理することにした。

①「死によって私が消えた世界」を思い浮かべてみた。
②すると、何事もなく世界が続いていくことが想像でき、いかに私が「交換可能な存在」であったかが思い知らされてしまった。
③「交換可能な存在」ということは、いくらでも代わりはいるのだから、私は本質的に「この世にいなくても良い存在」であり、無価値で無意味な存在にすぎない。

なるほど、死は「私の道具性（代替可能で本質的には無価値なモノ）」という非情な現実を突きつけてくるから、こんなにも恐ろしいのだ。死は、せっかく忘れていた「私の道具性」を思い出させてしまう。死は、私という存在がスプーンやフォークのような「取り換え可能な道具のひとつ」にすぎず、最後は壊れてゴミ箱に捨てられ、誰にも省みられず、ただ消えゆくだけのモノにすぎないことを思い出させてしまうのだ。

「ふむ、ひと雨くる前に今日はこのへんにしておこうか」

先生は、空を見上げながら唐突にそう言った。もしかしたら、死の恐怖を思い出し青ざめたまま立ち尽くしている私を気遣って言ってくれたのかもしれない。気力を失った私は、小さく「そうですね」と呟き、その場から立ち去ることにした。

雨は降らなかった。だが濁ったような灰色の雲は一向に晴れることはなく、どこか遠くで稲光の音が聞こえた。

◆◆◆

馬車に揺られながら、私はさっき聞いたばかりの「道具体系」の話を思い出していた。

私は他人を道具として見ているが、他人もまた私を道具として見ている。ゆえに、私が死んでも別のモノに置き換えられるだけであり、私とはそういうスプーン程度の取るに足らない存在にすぎない。

なんと陰鬱《いんうつ》な結論なのだろうか。私は思わずため息をついた。

ハイデガーの話を聞くまで、私はぼんやりと自分のことを特別な人間だと思っていた。だからこそ「自分が死ぬわけがない、そんなバカな」と憤慨したのだ。もちろん、人間がいつか死ぬということは知っている。だが、それは遠い未来の話であり、もし

「死の順番待ち」があるとしたら自分はかなり後ろのほうだと思っていた。だって自分は、そのへんのどうでもいい人間とは違うからだ。私には「王子」という立場があり、その重要な役割をまだ果たしていない。だから、もしこの世に不運が訪れて、病気や事故などで誰かが死ぬのだとしたら、それはきっと自分以外の他人だろうと考えていた。

だが——事実はそうではなかった。一国の跡取りである「王子」も、王子に仕えている「大臣」も、この馬車を動かしている「御者」さえも、みな同等なのだ。誰であろうと、どんな立場であろうと、死ぬときは死ぬ。あっさりと死ぬ。

結局のところ、自分が特別な人間だということの拠り所にしていた「王子」という立場は、「大臣」「御者」「スプーン」と同じ交換可能な道具のひとつにすぎず、なんの特別性もなかったのだ。死、そしてハイデガーの哲学はその事実を明らかにしてしまった。

「どうかしましたか王子、顔色が優れないようですが」

その声に顔を上げると向かい側に座っている大臣と目が合いそうになり、私はとっさに視線を外して言った。

「今日も街に寄ってから帰ってくれ」

「はい、わかりました。おっしゃる通りにいたします」

いつも通りの従順で丁寧な返答。しかし、今日はなぜだか無機質な口調に聞こえた。

「すまないな。私の我儘につきあってくれて……感謝するよ」

「え……？　いえいえ、もったいないお言葉です」

大臣は訝しむような表情を一瞬見せたが、すぐにいつもの作ったような笑顔に戻った。

街に入ると、先日と同様に民衆たちが忙しそうに歩いている様子が見えた。やはり人も建物も、目を背けたくなるほど汚らしく、興味をそそるものはひとつとしてなかった。

しばらくして河原が見えてきた。

私は腰を浮かせて窓の外の様子をうかがった。無気力そうに座り込んでいる貧民たちがこちらに気づき、目を輝かせながら顔を向けてくる。また金貨をバラまいてくれるかもしれないと思ったのだろう。だが、馬車は彼らを無視して進んだ。

私は馬車の速度を落とすよう指示し、目の見えない女の姿を探した。

なぜそうしたのか自分でもわからない。が、昨日と違ってはっきりと罪の意識を感じていた。以前の自分なら、こんな気持ちになることはありえなかった。自分は高貴な「王子」であり、相手は小汚い「貧民」である。その立場の違いからすれば、たとえ蹴り飛ばして打ちどころが悪く、相手が死んだとしても何とも思わなかっただろう。だが、それは道具体系の中で自分を「王子」と位置づけ、彼女を「貧民」と位置づけたときにそう思えるだけにすぎない。劇場の役者が自分の配役を一時的なものだとわきまえているように、もはや私はそれらの位置づけを絶対的なものだとは考えていなかった。そして、そうした視点——道具体系の位置づけを外して世界を眺めてみるならば、私が彼女にやったことはただの暴力——「一人の人間が同じ人間を虐待して視力を奪った」という理不尽で非道な行為であった。

「もう少し、もう少し、ゆっくり走ってくれ」

一目見るだけでよかった。バラまいた金貨で傷を治し元気に暮らしている女の姿を見さえすれば、このもやもやと胸がつかえるような気持ちが軽くなると思った。

だが、望みの光景は見つかることなく、馬車は河原をそのまま通り抜けたのだった。

第4章

本来的生き方

「どうした？　たった一晩でやつれたように見えるが」

翌日、先生と顔を合わせたときの第一声がそれであった。

「実はあまり眠れていないのです。『道具体系』の哲学――おそらく、あの話によって私の中にあった死の恐怖が言語化されてしまったのではないかと思っています」

精一杯恨みがましく言ったつもりだったが、

「はっはっはっ、良い傾向じゃないか。自分が道具のような生き方をしていると気づけたのだからな」

と相変わらずの調子で笑い飛ばされてしまった。だが、今はそういった反応のほうがありがたいかもしれない。私は「ええ、そうですね」と言って、昨日馬車の中で「道具体系」について考えたことを陰鬱な口調で話した。先生はうなずきながら黙って聞き、それから口を開いた。

「なるほど。おまえの理解は正しい。人間は、誰もが自分をかけがえのない存在だとぼんやりと思っているが、一方で自分を社会における何らかの役割として規定していたりする。たとえば自己紹介をするとき、私は町長です、果物屋です、と社会的役割で説明する人が多いだろう？　もちろんそれらの説明はとてもわかりやすいものだが、しかし暗に自分を『交換可能な存在である』と認めているということでもある。そうした——自分自身をかけがえのない存在だと思いたいが実際には交換可能な存在として生きている——というのがおまえたち人間の日常であるわけだが、だからこそ、死を突きつけられると心が不安定になるのだ。なぜなら死が、『人生は交換可能でただ消えていくだけにすぎない』という非情な現実を明らかにし、『自分はかけがえのない存在である』という願望を壊してしまうからだ」

「はい、おっしゃる通りです。まさにその感覚が自分の中にわいてきたのです。ですが一方で、先生は、自分を交換可能だと思い込むような日常の生き方は人間本来の生き方ではないとも言っていました」

多くの人間が「非本来的」に生きている

「うむ、そうだな。今日はそのことについて話していこう。人間の生き方には『本来的な生き方』があると前に述べた。さて、そうすると当然その正反対の生き方、『非《ひ》本来的《ほんらいてき》な生き方』というものもある。最初にはっきりと言っておくが、おまえたち人間が普段過ごしている日常は、基本的にすべて『非本来的な生き方』だ」

「つまり、ほとんどの人間が、人間本来の生き方をしていない、と。なかなかに衝撃的な発言ですね。ですが、その『本来的』や『非本来的』とは、そもそもどういう意味なのでしょうか？」

「まさに言葉通りの意味だ。そうだな、仮にライオンに『ライオンとは本来こういう動物だ』という本質があったとしよう。このとき、あるライオンがその本質に従って生きているなら『そのライオンはライオン本来の生き方をしている』と言えるだろう？」

「ええ、理屈としてはそうですね。たとえば、『ライオンは本来、肉を食べる動物である』が本質だとするなら、そのライオンが肉を食べて暮らしていれば『本来的な生き方』をしていると言えるし、草を食べて暮らしていれば『非本来的な生き方』をしていると言える……という話ですよね。当たり前でシンプルな話だと思います。とすると、人間にも『人間とはこういうものだ』という本質があって、それに従って生きることが人間の『本来的な生き方』になるのでしょうか？」

「その通りだ。では、ハイデガーが考える人間の本質とは何か？　それは——

『人間とは自己の固有の存在可能性を問題とする存在である』

ということだ。もう少しわかりやすく言い換えると、『人間とは自分がどんな存在であるかを問いかける存在だ』と言ってもいい」

「えっと……すみません、急にわからなくなりました」

ライオンは肉を食べる存在である——はわかる。魚は水を泳ぐ存在である——はわかる。それらは常識的で明解な話だ。だが、人間は自分の存在を問いかける存在である——はよくわからない。なぜそうなるのか、どこからそんな話になったのか、何だか急に飛躍した感じがする。

「ははは、そうだな。確かに哲学的で難しい話かもしれない。ここはゆっくりと丁寧にいこう。前に『人間は自分以外のすべてを道具として見ている』という話をしたと思うが、これについては納得したということで良いだろうか？」

「はい、大丈夫です」

「ならば、まずは『人間は本来、周囲のモノを道具として見る存在である』という本質から始めてみよう」

「ええ、それが人間の本質だと言われれば納得できます」

もちろん初めて聞けば納得も理解もできなかったと思うが、道具体系の話をさんざん聞かされた今となっては特に異論はない。

「さて、ここで注意しなくてはいけないのが、ハンマーがハンマーとして世の中にあるわけではないということ。つまり『用途が最初から固定化されたモノが世界に転がっているわけでない』ということだ」

そう言って先生は足元にある小石を拾い上げ、それを私に差し出しながら話を続けた。

「この石は、おまえにとって何の役にも立たないかもしれないし、人にぶつける武器にできるかもしれないし、磨いて弓矢の矢尻にできるかもしれない。この石には様々な道具としての可能性がある、そういう存在だ」

なるほど、最初から矢尻として落ちている石なんかない、という話か。

「そうですね。その石の使い道には様々な可能性があって、その中のひとつを人間があとから決めているだけですよね」

「うむ、そうすると人間がモノを『道具として見る』ということは、言い換えれば『モノの可能性を問いかける行為』だと言ってよいだろう。ゆえに、さっき述べた人間の本質はこう言い換えることができる。『人間は周囲のモノの可能性を問いかける存在である』と」

人間と動物の「決定的な違い」とは？

ただ言い換えただけなのだから、たしかにそうなるだろう。でも、少し引っかかるところがある。

「あの……今の話は理解できましたが、でもそれは本当に人間だけの本質なのでしょうか？　人間以外の動物にも同じことが言えるような気がします。たとえば、猿がアリの巣に棒を差し込んでアリを捕まえて食べる、という話を聞いたことがあります」

「おお、良い反論だな。たしかにその通りだ。実際、虫のような単純な動物でさえ、周囲のモノを道具として利用する例もある。だからおまえの言う通り、『モノを道具として見る』というだけでは決して『人間に限った特徴』とは言えないだろう。だが、それでもだ。『道具として見る』という人間の行為には、他の動物にはない、人間固有だと言える特徴が含まれている。それは――『モノを道具として見る』というその視線を『自分自身にも向けてしまう』というところだ」

「視線を自分自身に向ける、ですか」

「さっきも述べたように『道具として見る』とは、対象の可能性を問いかけ、『それが何であるか?』を選択する行為だと言える。それを人間は自分自身に対しても行うことができる。つまり、人間は自分自身の可能性を問いかけ、『自分が何であるか?』を選択できる生き物なのだ」

「それが他の動物にはない、人間だけの特徴……」

「はっはっは、まだピンときていない顔のようだな。もちろん、人によっては、犬や猫なども『自分とは何か』を考えているんじゃないかと思う人もいるだろう。特に犬の場合は、群れを前提とした動物であるため、自分が群れの中でどんな存在、役割であるかを把握している可能性は十分にある。だが、自分が今まで生きてきた時間、そして、これから生きるであろう時間、それらすべてを丸ごと人生だと捉えて、自分にはどんな人生の可能性があるのか、自分とは何なのか——それを問いかけるのは、やはり人間だけではないだろうか？　まあ、あまり人間と他の動物をはっきりわけるのが納得いかないなら、ある一定の知能を持つ生物の特徴だと考えてもよいだろう」

私は空を見上げながら、今の話を落ち着いて考えてみることにした。

そもそも生物とは、外界にあるモノを認識し、それを利用して生きている——つまり、「目の前にあるモノは何であるか？」を常に問いかけ選択して生きているわけだが、ではその生物が高度に進化し、複雑な思考を身につけたとしたらどうなるか？　きっと最終的には、その問いかけを「自分自身」そして「人生全体」にも向けてしまうだろう。つまり、それまで生存本能や欲求に従い、「目の前のモノは何であるか？」を問いかけてきた生物が、あるとき、私（自我）の存在に気づき、ついには「私とは何であるか？　私が過ごしてきた時間、人生とは何であるか？」を問いかけるようになるということ。なるほど、成り行きとして十分に想像ができる。

「はい、大丈夫です。納得できました。むしろ必然のようにさえ感じます」

「それは良かった。では結論を述べよう。『人間とはこういうものだ』と言える本質とは何か？　それは——『人間とは自己の固有の存在可能性を問題とする存在である』すなわち『自分がどんな存在であるかを問いかける存在である』ということだ」

「いや、ちょっと待ってください。いえ、それが人間の本質だということを認めるのは良いのですが、でもそうであれば、ほとんどの人が本質に従って生きている——つまり『本来的に生きている』ことになるのではないでしょうか？」

「ほう、どうしてそう思うのかな？」

「だって、先ほど先生も言いましたが、たいていの人は『自分は町長だ』『自分は果物屋だ』と言っているわけですよね。これってつまり『自分がどんな存在かを問いかけている』からそう言っているわけで、結論として『ほとんどの人は本来的に生きている』ということになるのではないのですか？」

「いやいや、そうではない。そもそも彼らの言う『私は○○である』は、本当に真に問いかけて導き出した答えなのだろうか？　たとえば、若者よ、おまえは何者だ？　何で『ある』と思う？」

「他者の視線」で人生を決めていないか？

「私は……」

私は王子で『ある』――考えようとする間もなく、心にそう浮かんできた。

「どうかな？　この問いに対し、今おまえは反射的に自分の立場や身分、もしくは単なる名前を思い浮かべたと思うが、それはおまえが真に問いかけて導き出した答えなのだろうか？」

「いえ……違いますね。先生の言う通り、私が思い浮かべたものは、自分で問いかけて決めたものではありませんでした。でも……だとすると一体これはどこからきて誰が決めたものなのでしょうか？」

「それはもちろん、お前以外の他者だ。ハイデガーはもう少し日常的な言葉遣いで『世間』という言い方をしているがな。端的に言えば、今お前が思い浮かべた答えは、

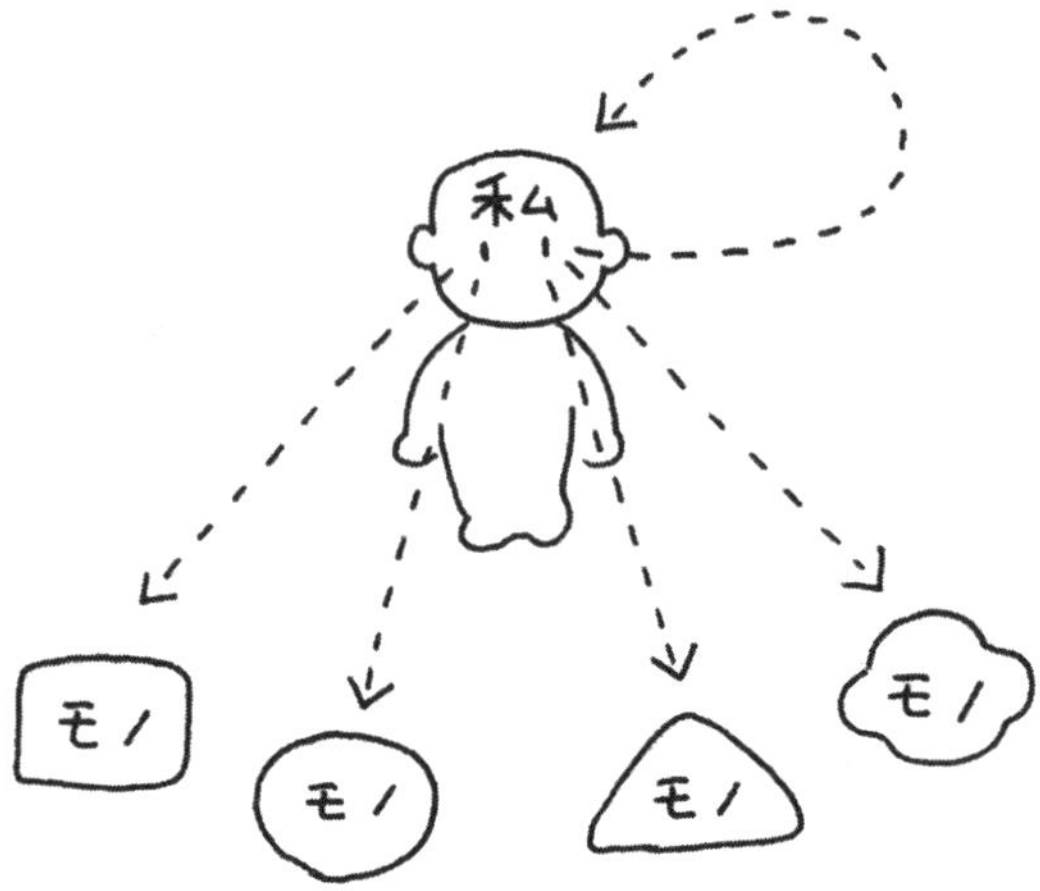

『世間』が決めたものなのだ」

「世間ですか……」

「ちょっと描いてみよう」

先生は落ちている枝を拾いあげ、地面に絵を描き始めた。

「よいだろうか。人間とは、自分を含む周囲のモノの可能性を問いかける存在である。では、仮にその問いかけの視線を矢印で表したとしよう。すると、こんな絵になる」

絵の中心には、「私」と書かれた人間の記号があり、その「私」が周囲の様々なモノに視線（矢印）を投げかけていた。また、その視線の中にはグルッと回って自分自身に向かっているものがひとつあった。おそらくこれが自分自身の可能性を問いかける視線なのだろう。

「さて、この絵の状況が、人間の本来あるべき素直な姿であるわけだが……、現実として人間は独りで生きているわけではない。同じような視線を投げかける存在である『他者』が傍にたくさんいる。すると、どうなるか……」

先生は「私」の周囲に「他者」を表す記号を次々と書き加えていった。その他者たちからは、大量の矢印（視線）が「私」へと降り注がれていた。

「ようするに、こういうことだ。この絵の矢印は『可能性を問いかける視線』を表していると言ったが、私自身に向かっている矢印について言えば、どう見ても他者から来るもののほうが多い。このたくさんの『他者の視線』は、私自身に向けた『私の視線』を容易にかき消してしまうだろう。なにせ他者のほうが、数が多いのだからな」

「たくさんの他者の視線……それが『世間』ということですか？」

「そうだ。もちろん、ひとつひとつの他者の視線はそれぞれに異なっているだろう。『私』をAと見る視線もあれば、Bと見る視線もある。だが、それら複数の視線が束のように重なれば、そこに平均的な基準のようなものが生み出される。つまり『他人が私をどう見ているか』が、おおよその平均としてわかってくるというわけだ」

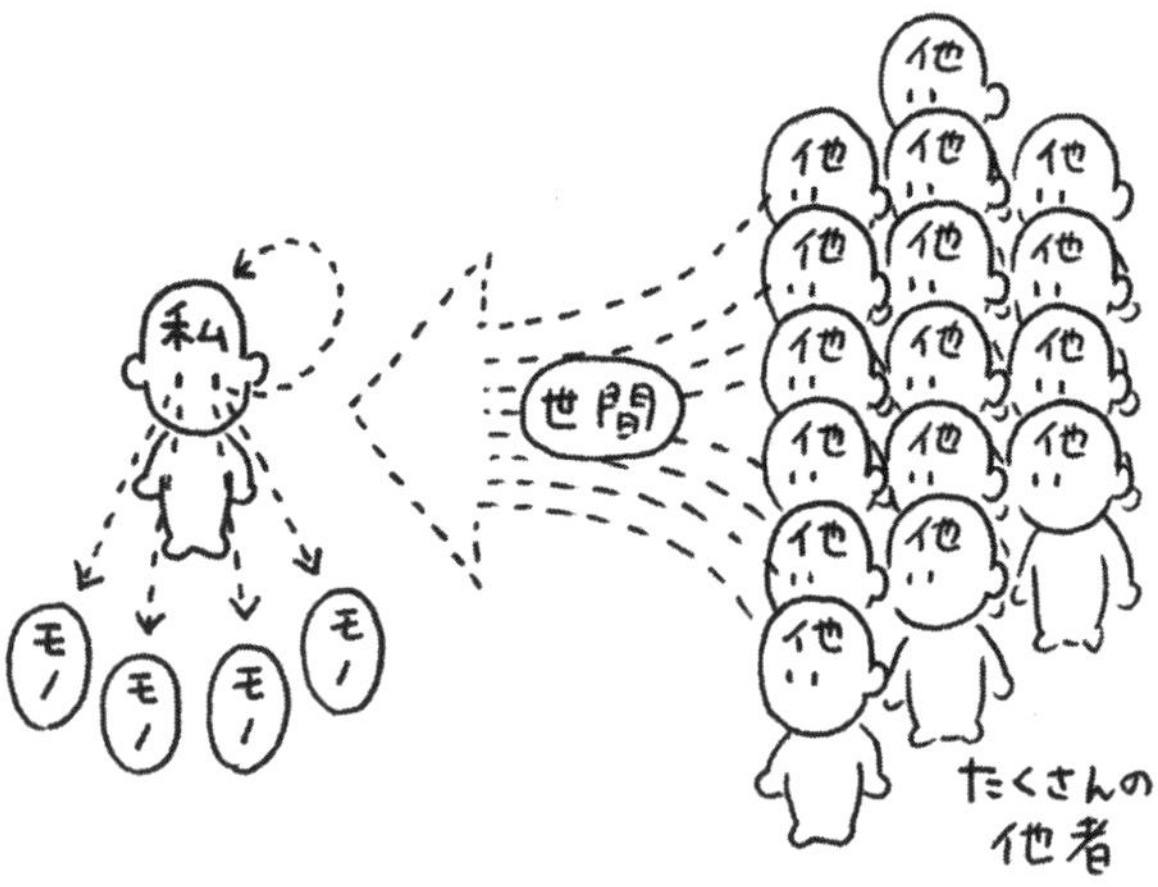
私
モノ
モノ
モノ
モノ
世間
他
たくさんの
他者

「なるほど。言いたいことがわかってきました。ようするに、本来は自分で決めるべき『私が何であるか』を、他人すなわち『世間』に決めさせてしまっているから非本来的であると。でも……」

「ん？」

「そうは言っても、世間の平均的な評価のほうが正しいということはないでしょうか？　だって『私は○○である』と自分で決めたところで、ただの独りよがりかもしれないじゃないですか。どんなに『私はこういう人間である』と自己判断したとしても、大勢の人が『いや、おまえはこういう人間である』という視線を向けてくるのであれば、やはりそっちのほうが正しいだろうと思ってしまいます」

「ふむ、しかしだな。誤解を恐れずに言えば、『世間』すなわち『他者の視線』による自己規定はすべて間違っていると言える。思い出してほしい。人間は常に周囲のモノを『道具』として見ているのだということを。そしてもうひとつ。おまえ自身は、道具体系の根源であり、決して『道具』ではないということを。つまり――

①世間（他の人間）は、おまえを道具として見る。

②しかし、おまえは道具ではない。むしろ道具体系の目的そのものであり、交換不可能な、かけがえのない存在である。

という構造であるのだから、『世間』の言うことは原理的に考えて必ず間違っている。さて、おまえは今日初っ端に『死が恐ろしい』という話をしていたわけだが、その恐怖の根本原因とは何であっただろうか？　それは、『自分の人生が交換可能なスプーンのようなものであり、決して貴重でも特別でもなく、ただ無意味に消えゆくだけの存在にすぎないと思い知らされること』――すなわち『自己の道具性』にあったはずだ。では、なぜおまえはそのように思い込んでしまったのか？」

「それは……『世間』が原因ですね。私を道具扱いする『他者の視線』によって、自分の可能性（私が何であるか）を決めさせてしまい、受け入れてしまったからです」

地面に描かれた図――私に向かって降り注ぐ矢印の束を見ながら答えた。

「そうだ。そして、そんなものに『自分が何であるか』を決めさせる生き方なんてのは、もちろん『非本来的な生き方』だ。だとすれば、おまえは最初からボタンを掛け違えて生きてきたということになる。さて、どうだろう。死は、その掛け違え――

『自己の存在可能性を他者に決めさせるという間違い』を教えてくれたわけだが、では、その教えてくれたものが原因であり、悪いのだろうか？　いや、違う。最初にボタンを掛け違えさせた世間が原因であり、それを受け入れた本人が悪いのだ」

「なるほど、そうですね」

私は納得したと言わんばかりに、何度も大きくうなずいた。が、一方で「そうは言っても」という気分にもなっていた。たしかに、私が感じていた死の恐怖は「私の人生の無意味さ（交換可能性、道具性）」に由来し、そう思うようになった原因は「世間」すなわち「他者の視線」にあるのだろう。先生の話は理屈としてその通りだと思う。だが、そうは言ってもだ。原因がわかったとしても、それが解決できるとは限らない。実際、現実の問題として「他者の視線」をはねのけて生きるなんてことができるのだろうか？

王国の式典——その光景が、ふいに私の脳裏に浮かんできた。それは、大勢の人間が堅苦しい礼服に身を包み、私に向けて「おまえは王子である」という視線を向けてくる厳粛で公的な場。そんな場において、突然大声で笑ったり、踊り出したりと、他者の視線に反した行動ができるかと言われれば否である。

「ようするに、先生がおっしゃっていることは、他人の目を気にせず、自分で自分の生き方を決めよ、それが人間本来の生き方である、ということだと思うのですが……」

「ふむ。理屈としてはわかるが実践は難しい、そう言いたいわけかな？」

「はい、そうです、そうです」

「その疑問はもっともだな。他者の視線は恐ろしく強大であり、抗《あらが》いがたいものである――そんな印象を持っている者がほとんどだろう。だが、それでもだ」

先生は歯を見せながら笑い、その先を続けた。

「安心しろ若者よ。たとえどんなに他者の視線、世間の声が強かろうと、それをはねのける大きな力をおまえは持っておる。いや、もっと言えば、人間であれば誰しも、何物にも負けない最強のジョーカー、切り札を最初から持っているのだ。それこそが『死』だ――『自分が死ぬ』ということだ」

「死が……切り札？　大きな力？」

「実際、想像してみてほしい。明日死ぬ、いや、一時間後に自分が死ぬと考えてみよう。その死が真にリアルであり、確実なものであるとしたら――はっきり言って、他人から『王である』と見られようが『馬である』と見られようが『知ったことか』となるのではないだろうか」

想像してみた。当たり前だと思った。

たとえ式典の最中であっても、他人なんか関係ないと、無視してその場から離れることだって容易にできるだろう。

死が持つ五つの特徴

「はい、たしかに死が確実であるとわかっているなら、そうなりますね」

「だろう？　つまり死には他者の視線をはねのけるだけの大きな力があるということだ。ところで、おまえはそもそも死がどんなものかを知っているだろうか？　もしくは考えたことがあるだろうか？　ハイデガーは死という事象について分析し、それには五つの特徴があると述べている。それは――

①確実性
②無規定性
③追い越し不可性
④没交渉性
⑤固有性

――の五つだ。それぞれ見ていこう。まず、確実性は『死は誰であろうと確実にやってくる』ということ。二つ目の無規定性は『死がいつ、どのようにやってくるかは誰にもわからない』ということだ。ここまではいいかな？」

「はい、大丈夫です。死は必ず起こるが、いつどう起こるかは予測できない。当たり前の話ですね」

「次の追い越し不可性は、少し難しい。これは『どのような可能性も死を追い越して未来に存在することはできない』という意味だが……そうだな、たとえば、今おまえは様々な可能性を持っている。右手をあげてもいいし、空を見上げてもいいし、いきなりわたしに殴りかかってもいい。あらゆる行動の可能性がおまえには開かれている。

だが、死んだらその可能性はどうなるだろうか？　もちろん無くなる。そういった可能性は、死を追い越して存在することはできないからだ」

「つまり……『死んだら終わり』ってことですか？」

「うむ、的確な表現だな。まさにそうで、死はあらゆる可能性の行き止まりであり、死んだらもはや何もできない――これが三つ目の死の特徴だ。さて、四つ目、没交渉性――これは『死ねばすべての関係性が失われる』という意味だ。よく言うだろう？『富も名誉も、あの世には持っていけない』と。死んだ瞬間に、おまえが持っているあらゆる関係性は消失する。この世界にあるモノ――道具、他人、財産、地位、評判――それらとおまえは無関係になるのだ」

「ちょっと待ってください。死んでも名を残す偉人だっているじゃないですか。それに私が死ねば、おそらくですが……、父親も周囲の人も悲しんでくれると思います。だとしたら、死んだ瞬間に、他との関係性がなくなるというのは違うのではないでしょうか？」

「それは、他人の視点で世界を想像しているからそう思えるにすぎない。今は『おまえの死』の話をしている。だから、あくまでも自分の視点で考えてみてほしい。さあ、死んだおまえが、他とどんな関係性を持てると言うのだろうか？」

私は、言葉に詰まった。

――死んだら終わり。だとしたら死んだ私が考えることも感じることもできないのだから、私の視点においてどんな関係性も成立するわけがない。きっとハイデガー風に言えば、「関係する」という可能性が死を追い越して存在することはできない、とでも言うのだろう。

「どんな関係性も持てません」

憂鬱《ゆううつ》な気分を吐き捨てるように言ったが、先生は意に介することもなく先を続けた。

「では、最後の特徴を話そう。固有性――これは『死はおまえ固有のものである』という意味で、ようするに『死はおまえ個人にだけ起こり、他人には代理不可能な出来事である』ということだ」

「死は私にだけ起こる……？」

「これも同じ話だ。『自分の死』と『他人の死』を混同してはいけない。たいていの場合、人が『死』を考えるとき『他人の死』について考えがちであるが、繰り返すが、今我々が議論している『死』は『自分の死』についてだ。そして、実際、『他人の死』

と『自分の死』はその性質が根本的に異なっている。だってそうだろう。『他人の死』は誰でも眺めることができるが、『自分の死』は『自分にしか経験できないこと』ではないか。そもそも、今この景色をリアルに見ている『この自分』がいなくなること……それが今我々が議論している『死』の定義であるとするならば、それは当然『この自分』にしか起きないことである」

「死は、『この自分』にしか起きない……」

「そうだ。そして、死が『この自分にしか起きない』ということは、言い換えれば、他者には決して代理できない……交換不可能な出来事だと言える」

死は他者と交換できない。これについて誰かが身代わりになって命を救ってくれる反例が一瞬思い浮かんだが、それは本質的な意味での交換ではないのだろう。仮に私の病が大臣に移り、大臣が代わりに死んだとしても、私がいつか必ず死ぬことには変わりはないわけで、そして、いよいよ死ぬとなったときに、その「死」を誰かが肩代わりしてくれるというのはやはり不可能である。それに、そもそもとして「私の死」は「私」にしか起きないという、当たり前の話なのだから、どうしたって覆しようがない。

「さて、今までの説明を踏まえて、わかりやすく死の特徴を言い直してみよう。

①必ず死ぬ
②いつ死ぬかわからない
③死んだら終わり
④死ねば無関係
⑤死は代理不可能

さあ、ハイデガーの死の分析を聞いてどう思ったかな？」

「非常に陰鬱な気分になりました。たしかに、どれも反論しがたく、死について間違いのない特徴のように思えます。ですが、一方で、死がいかに絶望的なものかをこれでもかと思い知らされた感じです。こんなことをハイデガーは分析していったい何がしたかったのでしょうか？」

「ほう、この分析が救いがない話に聞こえたわけだな」

「そうですよ。この話のどこに救いがあるのですか⁉」

死がもたらす「思いがけない贈り物」とは？

「ふむ、では思い出してほしい。おまえは死が怖いと言っていたが、その原因は、おまえが交換可能な道具として人生を生きていること――すなわち、おまえの道具性にある、という話をしたな。ではここで、④と⑤に注目しよう。これらがあるとき、おまえの道具性は成立するだろうか？」

「④と⑤……。死ねば無関係……死は代理不可能……」

「『死ねば無関係』のほうからいこうか。まず話の前提として、以前、道具体系のネットワークの図を描いたのを覚えているだろうか。この世にあるものはすべて道具として現れており、それらは相互に関係性を持っている。たとえば、板↔クギ↔ハンマー、といった具合にだ。このように、それぞれの道具は必ず他の道具との関係性によって成り立っており、他の道具と関係しない『単独の道具』というものは存在できない。さて、おまえはこの世に生まれて気がついたときには、すでに道具体系の中に投げ込まれており、いつの間にか自分自身を道具だと思い込むようになっていたわけだが、死はその呪縛からおまえを解き放ってくれる。というのは、死が、関係性の糸を断ち切ってくれるからだ」

「ええと、つまり、単独の道具は存在しないのだから……、死によって他との関係性が断ち切られて私が単独になれば、私はもはや道具ではなくなる――ということでしょうか」

「そうそう、その通りだ。ではもうひとつの『死は代理不可能』の話をしよう。まずそもそも道具とは、本質的に交換可能なものである。たとえば、スプーン、皿、テーブル――これらは道具としての機能や役割を持つモノであり、それゆえに交換可能であるわけだが、このことから『すべての道具は交換可能なものである』と言うことができる。そして、これを逆にすると、『交換可能でないものは道具ではない』と言えるのだが、ここまではいいだろうか？」

「はい、大丈夫です」

ようは、「すべてのカラスは鳥である」のであれば「鳥でないものはカラスではない」と言うことができる、という単純な論理の話なのだろう。落ち着いて考えればそんなに難しい話ではない。

「さて、先に述べたように、死においておまえは『代理不可能』な存在である。『代理不可能』とは、すなわち『交換不可能』ということ。つまり、おまえが道具ではなかったことが明らかになるのだ。『死』だけが、それを教えてくれる。『死』だけが、おまえが交換できない『かけがえのない存在』であったことを思い出させてくれる。なぜなら、『死』とはおまえ固有のものであり、代理不可能な、おまえだけの問題であるからだ」

「死とは、私固有の……私だけの問題……」

「さあ、今までの話を踏まえて、もう一度死に向かい合って考えてみてほしい。死が差し迫っているとしたときに、他人の視線を跳ねのける強い言動ができるとおまえは確信できたわけだが、その理由はいったい何だったのだろうか？」

「……そうですね。うまく言葉にできないのですが、思い浮かんだ単語をそのまま話すと……『そんなことより』という感覚でした。自分が消えて無くなる、その重大な出来事に比べたら、『他人の視線』が急に些細なことのように思えたのです」

「ほうほう、なるほど。『そんなことより』——よい表現だな。では、なぜそう思ったのか？　それは、端的に『死を突きつけられ自己の道具性が破綻した』からではないだろうか。仮におまえが、自分自身を交換可能な道具的存在だと思い込んでいたとしたら、『他者の視線（世間）』は相変わらず無視できるものではなかっただろう。なぜなら、道具としての存在意義を規定するのが『他者の視線』であるからだ。賢い人間に思われたい、面白い人間に思われたい、有能な人間に思われたい、などなど。自分がそういう機能を持った有益な道具であることを証明し安心や自信を得るためにも、『他者の視線』による承認は重要であり、それこそ生殺与奪権を持っているかのような強大な影響力を持っていた。だが、死においては、自己の道具性が破綻する。まさに、その瞬間、『他者の視線』は影響力を失い、人間は本来のあり方について問いかけ始めるのだ」

「本来のあり方？」

「本来の生き方と言い換えても良いが、だってそうだろう？　今まで『自分は道具だ』とぼんやり思っていたのに、死によって突然、『道具ではない』と明らかになったのだ。じゃあ、『自分とはどういう存在なのか？』という『存在そのものへの疑問』

もしくは『今までの生き方についての疑問』がわいてくるのは当然ではないだろうか。

実際に、死を突きつけられたおまえに問おう。余命を宣告され、死をリアルに想像したとき、おまえは自分の人生についてどんな思いを持っただろうか？」

「……」

「感覚的で素朴な言葉でかまわない」

「死にたくない……。いやだ……。なぜ自分がこんな目に……。まず、そういった不満や嘆きがありました。そして、そうですね……それから、死が避けられないことをはっきりと自覚したときに思い浮かんできたことは……『自分の人生とは何だったのだろうか？』という感覚でした。ああ、そうか、まさに先生の言う通りの問いかけですね。そして、その問いかけに何も答えが出せず人生の無意味さに絶望して、自ら死を選ぶくらい苦しくなったのです」

「良い気づきだ。おそらく、死を宣告された人間は、みな共通して同じ問いを持つのではないだろうか。ここでハイデガーが述べた人間の本質について思い出してほしい。

彼は人間の本来のあり方をこう定義していた。

『人間とは自己の固有の存在可能性を問題とする存在である』

何度となく、この言葉を頭の中で繰り返してみてほしい。難しいハイデガーの言葉も今ならわかるのではないだろうか。死を宣告され、死が間際に迫ったときに浮かぶ問いかけ――

『自分の人生とは何だったのか？』
『自分という存在はいったい何だったのか？』

自己の固有の――自分オリジナルの――自分だけの――存在の可能性を問題とする問いかけ。『私の存在とは何だったのか？』――死によって追い詰められ、いよいよとなったときにこの問いが思い浮かぶのだとしたら……、本来人間という存在は、この問いに答えるために、この世に生まれ、今まで生きてきたのではないのだろうか？」

ハッとした。実感を伴って先生の言葉、いや、ハイデガーの言葉が身体の中に入ってきたような気がした。人生の最後の最後、死の間際、誰もがそれを問うのなら――たしかにそれが人間の生きる目的であり、それを求めるのが「人間本来の生き方」だと言って良いかもしれない。

私は思わず身を乗り出して問いかけた。

「では、先生、その問いに答えを出すにはどうすれば良いのでしょうか？」

「ふむ。難しいな」

「難しい？　まさか、またハイデガーは答えていない、みたいな話でしょうか？」

「もちろんそれもあるし、結局は、その問いに答えるのはおまえ自身であり、そもそも他人から与えられた答えでは、決しておまえ固有のものにはならないだろう。だが、それ以前にだ。おまえはまだ、ハイデガーの哲学を半分ほどしか理解できていない」

「まだそれくらいなのですね」

「ああ、しかも、ここから先は、理屈で理解するのはとても難しくてな。おそらく、今のおまえにはわからないことかもしれない」

「私に何が足りていないのでしょう？」

「端的に言えば、他人との交流だ」

「交流？」

「たとえば、私は今まで話をわかりやすくするため、『他人も含めて、自分以外の存在はすべて道具にすぎない』と言ってきた。だが、ハイデガーは、現代の哲学者ですら持て余すような難解な哲学者だ。当然、そんな簡単な話だけでは終わらないし、それ以上のこともたくさん言っている。だってそうだろう？　他人とスプーン、どちらも同じ『道具』だと言いつつ、同じ存在であるはずがない。実際、おまえは他人に気恥ずかしさや後ろめたさのような気分を持つことはあっても、それと同じ感情をスプーンに持つことはないじゃないか。この時点で、他人とスプーンでは、異なる関係性を持った存在だと言うことができる」

「つまり、私にとって世界のあらゆるものは道具的存在として現れているが、他人はそれとは違い、また特別な存在だと」

「はっはっは、いいじゃないか。だいぶ哲学の言葉遣いが身についてきたようだな。だが、それでもだ。わたしが危惧しているのは、おまえが王族出身であり、他人と触れ合う機会が極端に少なかったのではないかということだ。未経験のものについていくら理屈をこねても、本質的な理解ができるかどうかは怪しいところだろう」

「では、どうすればいいのでしょうか？」

「うむ、だから、これをおまえにやろうと思う」

先生は、ぼろ布……のようなものを私に差し出した。何を渡されたのか理解できず不思議そうにしている私を見て先生は大声で笑った。

「わたしの着替えだよ。これを着て街に出てみなさい。おまえにとって群衆にすぎない人々に会ってみるんだ」

第5章

死の先駆的覚悟

私は、先生の着物を身にまとい、街へと出た。街並みは相変わらず汚らしく、ぼろ布を着た民衆たちがゾロゾロと歩いている姿が目に飛び込んできた。他人と交流しろ――先生はそう言っていたが、周りの様子を見る限り、話しかける雰囲気ではない。お昼時だというのに誰もが忙しそうに見えた。しばらく躊躇《ちゅうちょ》しながらも街中を散策していたが、気がつくと、私の足は例の河原へと向かっていた。

河原に到着すると、すぐに肌寒い風が頬を刺した。春らしい優しさや明るさは微塵も感じられない。じっとりと湿り気を帯びた土地の上には、汚い布を被せただけの粗末なテント小屋が立ち並び、お互いに寄り添いながら荒々しい風に揺れていた。

私は、目の見えない女の姿を探した。サソリに刺された木陰で出会い、大きなサファイア付きの靴で顔を蹴り上げてしまった女。王宮外で私が関心がある人間といえば、彼女しか思い浮かばなかった。

ふいに耳に飛び込んできたのは、ジャブジャブという水の音だった。その音に引き寄せられるように視線を向けると、寒々しい空気が漂う中、洗濯をしている女がいた。彼女だった。一人分ではなく、大量の衣類がそばに積んであるところから、このあたりの住民たちの洗濯を引き受けているのだろう。

傷が治ったかどうかを確認したかった私は、後ろからそっと近づいたが、気配に敏感なのか彼女はすぐに振り返った。やはりというべきか、彼女の傷は治っていなかった。いや、むしろ前よりも目のただれは酷くなっていた。

「あ、驚かせてごめんなさい、ちょっと顔をぶつけて目が悪くなってしまって」

傷口を見た衝撃で私が固まったと察したのだろう、彼女はそう説明した。

「目が見えない……のか」

私は震えを抑えながら、ようやく声を絞り出した。

「はい」

「そうか……それは大変だろうな……」

「ええ、でも、だいぶ慣れました」

「一人か……？　家族は……？」

「妹がいましたが、先日、病気で亡くなってしまって……。あ、でも、この周辺の人たちはみんな家族みたいなもので、とても優しくしてくれています」

「そうか……」

なぜ治療しなかったのか。聞こうかと思ったが、彼女の生活のことを考えると無意味な質問であるのは明らかであった。

「あの……何か御用でしょうか？」

「ちょっと待っていろ」

◆ ◆ ◆

「彼はこの国で一番の名医だ」

しばらくして、私は自分の主治医を連れて河原へと戻ってきた。突然の展開に彼女は事情が飲み込めていない様子で、せわしなく両手を振りながら戸惑っている。

「えっと、どういうことでしょう？」

「彼の治療を受けてほしい。腕は保証する」

「でも、わたしにはお金がありません」

「うちは余るほどあってな。金持ちの気まぐれで、急にそうしたいと思っただけだ。だから気にしないでくれ」

「そうですか……あなたは優しい人なのですね。どうかお名前を教えていただけますか？」

「……オルカだ」

オスカーという本名を名乗るわけにもいかず、とっさに偽名を使った。

「オルカさん、ありがとうございます」

「あの、オ……」

状況がわからない主治医が口を滑らせそうだったので、私は余計なことを言うなと睨みを利かせ、早く診察を始めるよう促した。

それからほどなくして診察を終えた主治医は、私を彼女の住む粗末なテント小屋から連れ出し、ようやく解放されたとばかりに大きく深呼吸をした。

「オスカー王子、このような不衛生な場所に呼ぶのは、今後は避けていただきたいと存じますが……」

王家に直属する医者としては、こうした現場に出向くこと自体が初めての経験だったのだろう。ため息をつきながら、うんざりとした表情を浮かべた。

「ああ、すまない。で、どうなんだ？」

「申し上げにくいことですが、目の奥まで完全に膿《うみ》が広がっています。膿を吸い出して治すという方法も考えられますが……残念ながら、すでに深いところまで達しており、手の施しようがありません」

「つまり、どういうことだ?」

「このまま傷が悪化し続け、数日中には熱が出て動けなくなり、体力が尽きしだい死んでしまうことになるでしょう」

◆ ◆ ◆

翌日、主治医の予想通り、彼女は熱を出した。私は栄養のありそうな食べ物を持って訪れていた。テント小屋の中で伏せっていた彼女は、私が手渡した食べ物を口にした途端、その味わいに感動の声を上げた。

「おいしい……。こんなおいしいものがあるなんて、知らなかった……。オルカさん、ありがとうございます。なぜわたしにここまで気遣いをしてくれるんですか?」

罪の意識からだとは言えるはずもなかった。視力を奪い、死ぬ原因を作った人間が目の前にいると知ったら彼女はどう思うのだろうか。すでに亡くなっている妹だって、私が原因で死んだと言えるかもしれない。

「ヒルダです」

「え？」

「わたしの名前です」

「そ、そうか」

何を話せば良いかわからなかった。

「うーん、わたしの顔はこんなですし、どうも一目惚れというわけではなさそうですね。あ、でも、傷ができる前に会っていたとか？」

「いや……」

「ふふ、冗談です」

もしかしたら、声で私の正体に気づいているのかもしれない。そう思うと冷や汗が止まらなかった。なんとか話題を変えたくて、「その……」と私は言葉をつないだ。

彼女は「はい」と返事をした。

「私は、人と交流をあまりしたことがなく、そのことに悩んでいる。だから、できれば話し相手になってほしい」

「わたしなんかでいいんですか？　オルカさんみたいなお金持ちなら、いくらでもお相手がいると思うのですが……。でも、お金持ちの人でも悩みがあるんですね」

「それはもちろんあるさ」

「オルカさんは普段どんな生活をしているのですか？　聞かせてほしいです」

「そうだな……」

私は、ぽつりぽつりと身分がわからない程度に自分の日常の話をした。庭園やダンスパーティのこと。控え目に言ったつもりだったが、それでもヒルダには刺激的で新鮮な話だったらしく、時折、興奮気味に身を乗り出して話に聞き入っていた。私はだんだんと気分が良くなってきた。ご機嫌取り以外でこんなふうに自分の話を真剣に楽しそうに聞いてもらうのは初めてのことだった。私は調子に乗り、聞きかじりの旅行記の話まで始めていた。エジプトのピラミッドや果てしない砂漠をラクダで旅をする冒険譚。それをまるで実際に経験したことであるかのように語り出した。

しかし、話の途中で、彼女が大きく咳き込んだ。そして、ぐったりとする。

「ああ、すまない、疲れさせてしまったな。今日はこのへんにしよう」

「いえ、ありがとうございます。とても楽しかったです。また続きを聞かせてくれますか？」

「ああ、もちろんだ。また明日こよう」

「本当ですか!?」

ヒルダは、がばっと起き上がり、また咳き込み始めた。

「無理をするな。今日はこのまま、ゆっくり眠るんだ」

「明日が楽しみと、そう思える日がくるなんて本当に夢みたいです。オルカさん、明日のこと約束してくれますか？」

「……ああ、約束する。だから、安心して休んでほしい。きっと明日には熱も下がっているだろう」

そう言って、私は小屋から出た。

そして、その帰り道――私は約束という言葉を一瞬口ごもってしまったことを思い返していた。私も、そして彼女も、もしかしたら明日死ぬかもしれない。だとしたら、私たちの約束は必ずしも果たせるものではないだろう。そうであれば――私たちが約束をする意味はあるのだろうか。

ふと立ち止まり空を見上げると、日はとっぷりと暮れ、星々が瞬きを見せ始めていた。遅い帰りを心配した大臣の声が遠くから聞こえたが、私はしばらく動く気になれなかった。

大切な人の余命を知ったら、あなたはどうする？

「どうした？　街の人と話をすることはできたのかね？」

翌日、先生に会いにきた私は、ヒルダのことが頭から離れず、ぼんやりとした態度を見せていた。気休めで言っただけだったが、あのあと彼女の熱は下がったのだろうか。それとも――。気がつくとそんなことばかり考えてしまい、どうにも話に集中できない。それでもなんとか気を取り直して先生に答える。

「はい、話はできました。あの、ひとつ質問があるのですが」

「なんだね？」

人のことを心配している場合ではないのだが、ヒルダに関する問題を整理しておかないと、どうにも前に進めない気がしていた。私は、昨日の夜からずっと引っかかっている疑問を先生にぶつけた。

「先生は以前、死期を知らされることは幸福だとおっしゃられました。しかし、それは本当でしょうか？　たとえば、知り合い、友人、家族の余命を知ったとき、それを本人に伝えるべきでしょうか？」

「もちろん、伝えるべきだ。言う側はつらいかもしれない。そして、言われた側もつらいかもしれない。だが、それでもなお、その人が本来的に生きるために伝えるべきであろう」

やはりと言うか、先生の答えは明確なものであった。人それぞれの事情や関係性によるーーなどといった曖昧な答え方ではないことに信頼感を覚えつつも、小さな苛立ちの感情も同時に芽生えた。

「理屈はわかりますが、現実はそううまくいくとは限りません。人間は先生がおっしゃるほど強くはないと思うのです。不用意に余命を知れば本来的に生きるどころか、絶望して取り返しのつかないことをしてしまう可能性のほうが高いのではないでしょうか？」

「ふむ、なるほどな」

その取り返しのつかないことをしようとした本人が言っているのだから、説得力があったのだろう。先生はしばらく思案する表情を浮かべ、それから話を続けた。

「良いだろう。その件については、おまえの言が正しいと認めよう。端的に余命を伝えたところで、人間は必ずしも本来的に生きられるわけではないし、それにより自ら死を選ぶとしたら本末転倒なのはその通りであろう。だが、そうは言ってもだ。それでもなお、余命のようなものを伝えない限り、人に死を意識させるのは難しいのではないだろうか。実際、おまえもそうだったのではないか？」

「それはまあ……そうですね……。ハイデガーに言われるまでもなく、人間がいつか必ず死ぬことは知っていましたが、にもかかわらず、『自分だけは死なない』、そういう態度でそれまで生きていたと思います」

「そうだろう？　ハイデガーに言わせれば、ほとんどの人間が死から目をそらして生きている。死の忘却というやつだ。たとえば、ハイデガーはこんなふうに書いている。『他人の死亡事例を聞いても、ひとは自分自身がまだ生きているのだとあらためて安心するものである』と」

「他人の死を聞いてむしろ安心する……ですか」

「ああ、そうだ。言わずもがな、日常の世界では、毎日たくさんの人間が死んでいる。人が死なない日なんてないだろう。その意味では、死は日常に溢れかえっている。だが、そんな状況にもかかわらず、誰一人それらの死を私事《わたくしごと》として捉えない。仮に、何かの偶然で他人の死を目の当たりにしたとしても、むしろ『自分は死ななくて良かった』と、生きている実感を強めるぐらいだ。いや、それどころか自分を特別視して、やはり死ぬのは他人であり、自分はまだまだ死なないのだという確信を強める人すらいるかもしれない」

「……では、他人の死にいくら接しても意味がないと」

「そうだな。やはり余命のような、明確な私事の死でなければ、人間が非本来的な生き方から脱却するのは難しいだろう。ところで、非本来的な生き方とは何だったか。おさらいしておこう。今から並べる言葉はすべて同じ意味である」

非本来的な生き方

＝交換可能な、道具のような生き方

＝自己の固有の存在可能性を問題としない生き方
＝自分の人生とは何だったのかを問わない生き方
＝死を忘却した生き方

「ええと、これらをひっくり返せば本来的な生き方になるのですよね？」
「そうそう、その通りだ」

本来的な生き方
＝交換不可能な、道具ではない生き方
＝自己の固有の存在可能性を問題とする生き方
＝自分の人生とは何だったのかを問う生き方
＝死を意識した生き方

「なるほど。こうして並べてみると、今までの話がすべてつながっているのがよくわかります。死を意識すれば、自己のかけがえのなさ（交換不可能性）を思い出して

『人生とは何か？』を問いかけるきっかけができるが、死を忘却していたらそんなことは問いかけない、と」

「そうだ。あと非本来的な生き方に、これも追加しておこう」

＝おしゃべりと好奇心に満ちた生き方

「おしゃべりと好奇心、またずいぶんと日常的な言葉遣いですね」

「うむ。死を忘却した人間、すなわち『人生とは何かを問いかけない非本来的な人間』は何をして人生を過ごすのか？　ハイデガーの答えがこれだ。おまえ自身はどうだったかな？」

じっくりと思い返すまでもない、ほんの一週間ほど前の、自分の生き方そのものだ。刺激的で豪華絢爛《けんらん》なパーティを繰り返す日々。そして、そこで出会う貴族の友人たち——と言っても死ぬことがわかってから誰も会いに来なくなり、もはや友人の名に値しないが——彼らと話すことと言えば、流行りの服やアクセサリーについて、それから興味をそそる時事ネタやニュース、あとはどうでもいい人間関係の噂話ぐらいであった。

死など忘れて、毎日楽しく生きてはいけないのか？

「そうですね。まさに好奇心に満ちて、おしゃべりをして過ごしていました。ただ——今にして思えばくだらない世間話ばかりでしたが、そのときには人生においてそれが一番楽しい時間であったのも事実です。おしゃべりや好奇心は、何がいけないのでしょうか？」

「なに、単純な話さ。死を忘却し、自己の固有の可能性に向き合わなくなってしまうから、いけないのだ。たしかに、おしゃべりは楽しい。そして好奇心が次々と話題を見つけ出してくれるから、その楽しみをいつまでも続けることができる。だが、一度しかない貴重な人生の時間を、そのおしゃべりで埋め尽くしてしまって本当に良いのだろうか？　おしゃべりは、決して何も生み出さない。人づてに聞いたこと、または、自分の人生とまったく関係のないこと、それらを他人に語る行為は、まさしく『時間を潰す』行為であるが、それは本当に満足した幸福な人生の過ごし方だと言えるのだろうか？」

「……」

私はヒルダとの会話を思い出していた。

有名な歌姫をダンスパーティに呼んだ話、自分では行ったこともない砂漠やピラミッドの話。

先生の言に従うなら、昨日の会話はすべて「おしゃべり」であり、私とヒルダは残された短い人生の時間を無駄に潰していたということになる。

だが、一方で、ヒルダは楽しそうに笑っていた。

それが悪いことだとはどうしても思えない。

だって、彼女はこれまで貧困の中で苦しみながら生きてきたのだ。

そんな彼女に死の宣告という苦しみを、さらに与えるというのはあまりにも酷なことではないだろうか。

私は先生に反論した。

「しかし、人にはいろいろな生き方の選択があっても良いと思います。死など忘れて面白おかしく、ただおしゃべりだけをして人生をまっとうする――それも幸福な生き方のひとつではないでしょうか？」

「その選択が、本当に自己の固有の生き方、つまり『自分オリジナルの存在のあり方』として自分で選び取ったものであれば、かまわないさ。しかし、そうではないのなら――つまり、おしゃべりと好奇心の熱に浮かされて、薄ぼんやりとした意識の中でなんとなくそういう行動をしているだけだとしたら――それは選択とは言わない。判断能力を失った酔っ払いが、酔いの勢いで何か行動をしたとしても、それは決して選択ではないだろう？　そんな判断能力に欠けた状態での行動に基づく生き方は、幸福でもなければ、かけがえのないおまえの人生でもない」

「ということは、逆に言えば自分できちんと判断したのであれば、おしゃべりをして楽しく人生を過ごしても良いのですね？」

私は必死に食らいついた。しかし――

「ああ、そうだな。ただし『おしゃべりだけをして人生を生きるのだと選択する』すなわち『自分の固有の生き方はこれなのだと判断して選ぶ』のだとしたら、やはり死を意識する必要があるがな」

私の目論見に反して、先生はどうあっても死を意識させることを肯定するつもりのようだった。

私は思わず不満をもらす。

「……先生はことさら死を突きつけようとしているように感じます」

「はっはっは、それは仕方がないさ。ハイデガーの哲学とはそういうものだからな。『本来的に生きる＝死を意識して生きる』ということが定式化されている以上、死を意識せずに済まそうなんて発想はそもそもない。繰り返すが、本来的に生きる――自己の固有の生き方を問いかける――ためには、死と向かい合わなくてはならないのだ。実際の話、仮にこの世から死がなくなり無限に生きられるとしたら、人は自分の人生を真剣に考えたりはしないだろう？　それこそおしゃべりをしながら、何百年、何千年とぼんやりと生きていくのではないだろうか。そんな頭に霞がかかったような日常からは抜け出さなくてはならない。だからこそ、ハイデガーは『死の先駆的覚悟《せんくてきかくご》』が必要だと言っている」

今この瞬間も「死」を覚悟して生きよ

「死の先駆的……覚悟？」

「先駆的とは『前もって』『あらかじめ』といった意味で、ようするに『死を前もって覚悟しておけよ』という意味合いだ」

「いつか来る死を想像して生きよ、みたいな話でしょうか？」

「いや、そうではなく『今この瞬間にでも、自分が死ぬ存在であることを自覚して生きよ』ということだな」

「ええと、どちらも同じ話のように思えますが……」

「はっはっは、そうだな。たしかに微妙な違いだ。ただ細部を説明すれば、かなり違うことがわかる。たとえば『いつか来る死を想像して生きよ』と言われておまえはどんな受け取り方をするだろうか？」

「そうですね……。いつか来るであろう、自分が死んだ瞬間のことを想像して、そのときに後悔のないよう人生を生きなさい……という感じでしょうか？」

「ふむ、妥当な解釈だ。そして、一般論としても正しい内容のように聞こえる。だが、ハイデガー的には、それは甘い考えだと言わざるを得ない。だってそうだろう？『いつかやって来る』なんて言ってる時点で、死とまったく向き合っていないじゃないか。いや、まったく人間という生き物は、みな病的なくらい死から目をそらす。メメントモリ（死を想え）の標語を与えられてなお、死を未来に置いて遠ざけようとする。もちろん、おまえですらそうだ」

「私も、ですか？」

「そうだ。以前、おまえは余命を宣告されたと言っていたな。だが——おまえはもしかしてまだ、自分は死なないとでも思っているんじゃないのか？」

「え……？」

「実際のところ、今日死ぬとは思っていないだろう？　そして明日死ぬかもと思いつつも、本気では思っていないだろう？　もちろん、自分がいつか死ぬことはわかっている。死の瞬間が近づいてきていることもわかっている。だが、無意識に『それは今日ではない、もう少し先の出来事だ』と思っているのではないか？　本当は、今この瞬間にでも死が起こりうるかもしれないのに」

私は頭を殴られたような衝撃を覚えた。たしかにその通りだった。今日ではない――まさに、そう思っていた。だって、今日であるはずがないのだ。なぜなら、私はまだ何も答えを見つけ出していないのだから。

だが――そんなことは関係ない。死は、私の事情とは無関係に起こる。死とはそういうもの。わかりきっていたことではないか。

ふらつきそうなほど青ざめる私をよそに先生は話を続けた。

「初めて会ったとき、死期を知ることができたおまえは幸福だと言ったが、正直に言えばあれは半分間違っている。たしかに、おまえは死期を知らされたことで、人生や自分の存在について考えるきっかけを得た。これ自体は、まぎれもなく幸運で幸福なことであろう。だが、ハイデガーの哲学に倣えば、そもそもとして『余命』などというものは存在しない」

「どうしてですか？」

「言っただろう、死は無規定である、と。つまり、いつ死ぬかなんて誰にもわからないのだ。だとすれば、『余命』や『死期を知る』という言葉そのものがハイデガーの哲学に反している。人間は、宣告された死期がくる前に死ぬかもしれないし、余命の期間を過ぎても生きているかもしれない――死は誰にも予測できないのだ。そして、このことは逆に言えば、いつでも、この瞬間にでも、死が起こりうることを示している。が――人間はその明らかな事実からも容易に目をそむける。『余命が三日だ』と言われてなお『まだ三日は死なない』と捉えてしまう。違う！　まさに今この瞬間にも人間は死ぬかもしれない！　いつでも死にうる存在なのだ！」

私は、余命を宣告されたことで他の誰よりも死を知っているものだと思っていた。だからこそ、難解とされるハイデガーの哲学であっても自分になら理解でき、そして死の間際、天啓のようなものを受け取って何らかの救いが得られるのではないかと思っていた。

だが、実際には違った。そうではなかった。私は余命を宣告されてまでも、まだ自分は死なないのだと……、少なくとも今日ではない、明日ではない、という意識を持っていたのだ。もしかしたら、私は「ハイデガーの哲学を理解するまで死は訪れないはずだ」と思い込むための道具として、彼の哲学を利用していただけなのかもしれない。

「そうそう、これも言っておこう。ハイデガーが分析した死の特徴について、こんな反論を思いつく人もいるかもしれない。『死はいつ起きるか誰にもわからないと言うが、人間は自殺によって自分の死を決められるじゃないか』と。残念だが、それもひとつの思い込みだ。たとえば、ある人が自殺しようと決断し、死期は自分で決められると主張したとしよう。だが、彼は自殺の準備をしている最中に、もしくは、そう主張している瞬間に、自分が死ぬという可能性をまったく考慮していない。何度でも繰り返し、はっきりと言っておくが、人間はいつでも死にうる。それは、まさにこの瞬間においてもだ。いいか若者よ、ハイデガーの言う『死の先駆的覚悟』とは、いつか来る死を想像して備えよ、という話ではない。今、この瞬間に人間は死ぬ存在なのだという事実を真っ向から受け止めろ、という話なのだ」

今まで先生の話で憂鬱な気持ちになったことが幾度となくあったが、今回の話が一番であった。

すべて先生の言う通りだった。

先生との奇跡的な出会い。これには、きっと何か意味がある。だから結果のようなものが得られるまでは、この私の物語にはまだ終わりは来ないだろう——そう思っていた。

ようするに、私はいまだに自分を特別な存在だと無意識に思っていたのだ。

だが……違う。

私は世界から特別に配慮された存在ではない。サソリの毒の傷跡が破裂すれば死ぬ——唐突に、何の脈絡もなく、あっけなく、ただ死ぬ。それだけの存在なのだ。

そんな当たり前のことから、私は目をそむけていた。余命を宣告されて、なお、死から逃げていたのだ。

「すみません、このあと約束がありますので……」

「そうか、では今日はここまでにしようか」

私は、震える足を引きずりながら逃げるように森を去っていった。

第6章

良心の呼び声

約束通り、私はヒルダのもとを訪れていた。

「あの、本当にいいんですか？　こんなに良さそうな毛布をもらってしまって。とてもふわふわで暖かいです」

すでに日は暮れており、寒々とした薄暗いテント小屋の中、枯草を敷いただけの地面の上に彼女は弱々しく横たわっていた。熱はどうやら落ち着いたようだった。

「ふふ」

ヒルダは嬉しそうな声を漏らした。渡されたばかりの毛布を頬に押し当て、その感触を何度も確かめている。

彼女の喜ぶ顔を見て少しは気が晴れたものの、それでもやはり先生の言葉が頭にこびりついて離れなかった。

今この瞬間にも私は死ぬ。

次に話しかけた瞬間に——

次に息を吸い込んだ瞬間に——

いや、そんなことを考えている、まさに今この瞬間に——

それは決して突飛な想像ではない。少なくとも私にとっては充分に起こり得る出来事だ。

もちろん私だけではなく、目の前のヒルダも同じ。いつ容態が急変して死ぬかもわからない。毛布の感触を楽しんでいる、まさに今、死ぬことだってあり得るのだ。

――いや、もう少し言えば、それは私やヒルダだけではなく、大臣や御者、健康な人間含めてみな同じことなのだろう。彼らだっていつ死ぬかわかったものじゃない……。

ハイデガーは、その残酷な現実を受け入れて覚悟して生きろと言う。そして、それが人間の本来的な生き方なのだと。

だが、そんな生き方、誰ができるだろうか。想像しただけで息が詰まりそうだ。それこそ、おしゃべりや好奇心の中で、死を忘れて非本来的に生きたほうがマシなように思える。

無言のまま目を伏せてじっとしていたせいか、ふいに心臓の鼓動が耳に入ってきた。普段は意識せずに忘れてしまっている、どくんどくんと脈を打つ感覚。生きているという証。だが、これを動かしているのは自分ではない。自分で動かしていないのだから、突然、勝手に止まることだってあり得るだろう。

私はだんだんと気分が悪くなってきた。生死というもっとも重大な出来事が、私には計り知れないものに握られていることに居心地の悪さを覚えた。

心臓の鼓動を忘れるため、大きく咳払いをする。

「あの、オルカさん、大丈夫ですか？」

ヒルダが心配そうな声を上げた。様子がおかしいことを感じとったのだろう。

「いや、大丈夫だ。実は、その……急に忙しくなってね。この国にずっといられなさそうなんだ」

「どこかへ行ってしまうのですか？」

ヒルダは寂しげな表情で言った。

「ああ」

「いつですか？」

「わからない。明日かもしれないし、明後日かもしれない。いや、それこそ今日かもしれない。ただ、数週間のうちには、確実にいなくなるだろう」

「そう……ですか」

「だから、昨日のような話題ではなく、もっと違う話がしたい」

「どんな話ですか？」

「ヒルダが、今までどんな生き方をしてきたのか、どう生まれて、どう育ち、何をして何を感じて生きてきたのか教えてほしい」

「………」

　ヒルダは慌てたように毛布の中に潜り込んだ。そして、そのまま黙り込んでしまった。何か気に障るようなことを言ってしまったのかもしれない。

「ああ、すまない、唐突だったな。嫌なことを言ったのであれば謝る」

「いえ、違うんです！」

　ヒルダは、毛布から顔を半分だけ出して応えた。また熱が上がってしまったのかヒルダの顔は真っ赤になっていた。

「わたしのことが知りたい、そんなことを言ってくれる人が現れるなんて……びっくりしてしまって……。あ、いえ、すみません、お話の練習相手がほしいだけでしたよね」

　そう言ってヒルダは笑った。どうやら機嫌は損ねていないようだった。と思ったら、今度は「でも、いいですか、覚悟してください。すぐには終わりませんからね」と、なぜか怒ったような口調で言った。よく意味がわからない。なるほど、たしかに私は人の心の機微というものがあまり理解できていないらしい。

外の風は強かったが、小さなテント小屋の中は案外静かで、狭いが二人だけの落ち着いた空間で、ヒルダはゆっくりと自分の人生について語り始めた。

◆◆◆

それから、しばらくの間、先生のいる湖とヒルダのいる河原に、交互に通う日々が始まった。時間の比重はヒルダのほうに傾いていた。自分でも驚いたことだが、今この瞬間にも自分は死ぬかもしれない――そう思ったとき、なぜかヒルダと少しでも長く話すべきではないかと思うようになっていた。

「ヒルダ、体調はどうだろうか？　今日は南国の珍しい果物を持ってきたよ」

「オルカさん！　お待ちしてました、いつもいつもありがとうございます」

ヒルダの心底嬉しそうな声がテント小屋の中に響く。

「さあ、今日も聞いていただきますよ！」

ヒルダの口から毎日語られる彼女の人生録。それは正直に言えば、聞くに耐えないひどいものであった。いや、決して彼女の話し方が悪いとか下手とか、そういうことではない。とにかく常識が全然違っており、生理的に受けつけない話が多かったのだ。

「待ってくれ、それは豚の……あ、いや、そうではなく、本当に人間の……あ、いや……」

「はい、豚の食べ物でもなく、牛の食べ物でもなく、本当に人間の食べ物ですよ。わたしたちの主食です」

昨日は「虫はご馳走だ」「バッタは陸のエビだ」「セミは木の実の味がする」という話を聞いて、からかっているのかと疑ったばかりだったが、本当に衣食住がすべて想像を超えていた。

「そう……なのか。すまない……あ、それともうひとつ、そこまで不衛生な環境で重労働を朝から晩までやって、たったそれだけしか賃金がもらえないのは本当なのか？」

「はい、でも普通ですよ。わたしだけ少ないということではありません」

「だが、それでどうやって食べていくんだ」

「食べるぐらいはできますよ。もしかして、オルカさんってお金持ちすぎて、自分で買い物したことなかったりしますか？」

「たしかに……ない……」

「ふふ、じゃあ、今から街を案内してあげましょうか？」

「それはダメだ！　いや、申し出はありがたいし興味はある。だが、今はダメだ。熱は落ち着いているが、まだ完全に下がったわけではないだろう」

「ごめんなさい、冗談のつもりでした。だって……わたし、目が見えませんし」

「あ……」

「逆にご迷惑になりますしね」

「いや、迷惑だから言ったわけではない」

「え？　本当ですか？　じゃあもっと熱が下がったら……」

「ああ、案内をお願いしよう。そのときは、私が見たものを質問して、いろいろと教えてもらおうじゃないか。ヒルダ、あの赤くて毛だらけの長いアレは、いったい何なんだ、と」

「ふふ、それはとても面白そうですね。街に出て、オルカさんの知らないことといっぱい教えてあげられたら、すごく楽しいんだろうなあ。あの……本当に、いつかでかまいませんから……、これも約束してくれますか？」

「……ああ、約束しよう」

きっとこの約束を果たすときはこないのだろう。いや、熱がもう少し下がって体調が良い日には、手を引いて周囲を散歩するぐらいならできるかもしれない。この約束については、それぐらいで許してもらおう。

それにしてもヒルダとの会話は楽しすぎて、ついつい長くなってしまう。ただ、そのおかげでヒルダの人となりがわかってきた。彼女は陽気でよく笑う、快活で明るい性格の人だ。どんな貧しい環境でも、暗くなったり腐ったりせず、常に前向きに生きている。

それに比べて、私はどうだろうか？　彼女と同じ立場で生まれたとして、彼女のように前向きに生きられただろうか？　彼女と同じ状況になったとして、彼女のように明るく振る舞えただろうか？　とてもではないができる気がしない。その一点をもって、彼女は尊敬に値すると言える。そう考えると、以前、自分のほうがものを知ってるぞとばかりに砂漠やピラミッドの話をしたのが本当に恥ずかしく思えてきた。

そして、さらに数日が過ぎ――

「妹が病気になってしまったんです」

いよいよヒルダの話は現在へと近づいていった。それは当然、森でのあの出来事の話をするということを意味する。

「それで、妹に少しでも栄養のあるものを食べさせたくて、森に入りました……そうしたら――」

私は無意識に拳を握り締めていた。もしかしたら、彼女はすべて気づいているのかもしれない。そう考えると震えが止まらなかった。

「つまずいて転んでしまって、硬い石に顔をぶつけてしまったんです。それで、わたしの目はこんなになってるんですよね」

そう言ってヒルダは力なさげに小さく笑った。

「そうなのか……」

どういうことだ、とは言えなかった。彼女は嘘をついている。それは、余計なトラブルを起こさないように気遣ってのことなのか、それとも……。

そしてヒルダは、その後の出来事――妹の死、失明――について淡々と語った。私は何も言えなかった。もはや相づちを打つことすらできなくなっていた。ただ、話の終わりに彼女が言った「誰も悪くない、わたしはそう思っています」という一言だけがずっと耳に残っていた。

「良心」がなければ、死とは向き合えない

それからまた、しばらく経ったある日のこと、先生との会話の中で、またしても心に突き刺さりそうな単語が飛び出してきた。

「え？　良心《りょうしん》ですか？」

「ああ、そうだ。ハイデガー哲学の核心とも言える重要な概念――それが良心だ。今日はその話をしようと思う」

良心――それは哲学用語とは思えないほど、あまりにも日常的な言葉。私は嫌な予感がしていた。その言葉から予想される結論がとても安易なものになりそうだと思え

たからだ。

「良心というと、道徳的な善悪を判断する人間の心のことでしょうか？」

「うむ、そうだな。悪いことをすると良心が痛む――とよく言うが、まずはそのイメージでかまわない。順を追って説明しよう。先日も話したが、人間が本来的に生きるためには『死の先駆的覚悟』が必要だという話は覚えているだろうか？」

「はい。人間が今この瞬間にでも死ぬ存在であることを受け入れて生きよ、ということですね」

「そうだ。だが、こんな疑問はわかないだろうか。実際に人間は先駆的覚悟などできるのだろうか、と」

私は首を縦に大きく振った。

「はい。まさにその疑問を持っていました。私も含めてですが、普通の人々にそんな覚悟ができるとは到底思えません」

実践できない理論なら、それは机上の空論であり、ただの理想論にすぎない。死の宣告を受けた自分ですら受け入れられないことを、誰ができるというのだろうか。

「それに対するハイデガーの答えが『良心』だ。つまり、人間には『良心』があるから死の先駆的覚悟ができる、ということだな」

「……」

「どうした？　うさんくさく感じているのかな？」

「正直に言えばそうですね。ようするに、道徳的に立派な善人ならば自分の死を受け入れることができる、そして、良心はどんな人間にもあるのだから、みんなにだってできるはずだ――というお話ですよね。なんだかとてもお説教くさいというか、綺麗事のような気がします」

そして、先駆的覚悟ができていないのだから私には「良心がない」という話でもある。いや、それを認めることはかまわないのだが、見ることもできない心の有無を問題にされても、誰にもどうしようもできないじゃないか。おそらく、次はきっとこう言うのだろう。もっと良心を持て、おまえにならできる、と。国に不幸が起きるたびに信仰心が足りないと言ってくる僧侶たちの決まり文句と同じだ。

不満げな顔から私の思考を察したのか、先生は大声で笑った。

「はっはっは、安心しろ、ハイデガーは哲学者であって宗教家ではない。もちろんそんな意味合いではないさ。まあ、たしかに『存在と時間』における良心論は唐突だし難解なこともあって、評判があまりよろしくない。だが、ハイデガー哲学の核心であることは間違いないのだから、なんとか食らいついていってほしい。うーむ、そうだな、これはハイデガー自身の表現でもあるのだが、良心というよりは『負い目《おめ》』と言ったほうがわかりやすいかもしれない」

「負い目……」

「良心と言われてピンとこない人も、『負い目』と言われれば少しはわかるのではないだろうか。だって、自分に『良心があるか』と問われても、なかなかはっきりと答えることはできないが、『負い目を感じているか』なら答えられるだろう?」

「そうですね。感じるか、感じないかという体感の話ですから。でも、良心と負い目は、それぞれ別のものではないのですか?」

「良心と負い目。たしかに言葉としては違う。だが実際のところ両者は同じものではないだろうか。たとえば、おまえが誰かを傷つけたとする。そのとき、おまえは負い目という感情を持つのではないかな?」

その言葉にヒルダの痛々しい顔がすぐに思い浮かんだ。そして、次の瞬間、締めつけられるような苦しさが胸中に広がった。

「そう……ですね。持つと思います……」

無意識に胸元を押さえながら、上擦《うわず》った声で答えた。先生は私の反応に気づかなかったのか、かまわず先を続けた。

「なぜ負い目を感じるのか。それは自分が悪いことをしたという自覚があり、本当はもっと善い選択、善い生き方ができたかもしれないと思うからであろう。そうした態度は、つまるところ『良心がある』と言い換えて良いのではないだろうか」

理屈はわかる。たしかに良心がなければ負い目だって感じない。良心があるからこそ負い目を感じるのだろう。だとすれば、私が今感じている『これ』が負い目なのだとしたら――私にも良心がある、ということになるのだろうか？

いや、今はそれよりも聞くことがある。

「しかし、先生、良心が負い目だったとして、どうしてそれが死の先駆的覚悟ができることにつながるのでしょうか？」

「当然の疑問だな。だが、その前にそもそも、なぜ人間は負い目を感じるのか？　負い目とはいったい何なのか？　その仕組みや本質を明らかにしよう。それがわかれば、どうしてハイデガーが死の先駆的覚悟と負い目（良心）を結びつけているのかわかるはずだ。ではさっそく、人が負い目を感じる理由だが――答えを先に言うなら『人間が有限の存在である』からだ」

「有限の存在……。つまり、限りのある、限界のある存在だということでしょうか？」

「うむ、その通りだ」

「それはまあ、理解できます。人間は何でもできるわけではありませんし」

「もちろん、そういった『能力の限界』もあるし、他にも『時間の限界』――永遠に生きられず必ず死ぬというのもあるな」

私はうなずいて肯定を示した。

あなたを襲う「無力感」の正体

「さて、人間が、こうした有限性を持った存在だとすると、必ず『無力感』という感情が人の中に芽生える。この無力感が負い目を生んでいる、というのがハイデガーの分析だ」

「無力感が負い目を……。なんとなくわかる感じはしますが……」

「落ち着いて考えてみるといい。こういうときは、逆に言い換えてみるのが良いだろう。無力感の逆は何だと思うかな？」

「……万能感、でしょうか？」

「そうだな。ようするに自分は何でもできるという感覚。もし自分があらゆることに対して、無限に何でもできるのだとしたら、負い目なんて感じないのではないだろうか？」

たしかにそうだ。もし私がヒルダの目を治すことができるのだとしたら……。ヒルダを死なせないようにできるのだとしたら……。今胸の奥で渦巻いている、この曇ったような気持ちがなくなるのは間違いない。

では、今私が感じている胸苦しさの原因とは何かと言えば――そんなものは明らかだ――彼女に何もしてあげられないこと――私の無力さだ。

「理解できました。大丈夫です。ここまでの話を整理すると、

人間は有限の存在である　↓　できないことがある
　↓　だから無力感を覚える　↓　負い目を感じる

ということですね。『有限の存在』から『負い目』までが、つながったと思います」

「うむ、良いだろう。次は、負い目の本質に迫りたいと思う。人間が感じる負い目の種類は、およそ以下のものがあると思われる。

①過去への負い目
②今への負い目
③未来への負い目
④他者への負い目

これらは、人間が有限の存在である以上――いや別の言い方をすれば――人間が人間である以上、感じざるを得ない負い目であるわけだが、①〜③については時間論として、いずれまた改めて語ろう。今回、注目して欲しいのは、④の『他者への負い目』だ。負い目と言えば、やはり他者つまり他人に対して使う言葉だからな。では、この『他者への負い目』は、人間のどんな有限性から生じているのか。うーん、おまえが実際に体験をしていれば話が早いのだが――」

「しています」

「ん？」

「他者への負い目を感じています」

「何があったのかな？」

その言葉に一瞬の迷いのあと、私は堰《せき》を切ったように語り始めた。

「私は……他者を……ある人を傷つけてしまいました。そして、その人に嘘をついています――」

今まで溜め込んでいたヒルダへの「負い目」――それをここぞとばかりにぶちまけた。

理不尽な暴力をふるったこと。光を奪ったこと。家族を奪ったかもしれないこと。私のせいで命までも奪われようとしていること。そして、さらには正体を隠して交流をしていること。

抱えきれない重荷を放り出すように、私は洗いざらいすべてを話した。

気がつくと、涙が頬を伝っていた。

今まで先生との対話で落ち込んだり打ちのめされたりしたことはあったが、こんなふうに泣き出したのは初めてであった。

「そうか。おまえは負い目を感じているか。わたしはそのことを誇りに思うよ」

先生の穏やかな声がすぐ近くで響いた。顔を上げると、いつもの笑顔があった。そして、「すまなかった、訂正しよう。おまえはハイデガーの哲学を正しく理解できる」と言って、私の頭を優しく撫でた。

「以前おまえは、こう問いかけてきたことがあったな。死など忘れて面白おかしく、ただおしゃべりだけをして人生をまっとうすればいいじゃないか、と。それも幸福な生き方ではないか、と。たしかに、それが本当にできればいい。実際、できそうな気もする。だが、そうはうまくいかない。なぜなら、人は、日常の中でふとしたときに『負い目』を感じてしまうからだ。

今まで話してきたように、『負い目』は有限性とつながっている。その意味で『負い目』とは、自分の有限性を自覚させる入り口――扉のようなものだ。好奇心とおしゃべりの中で、無限に人生が続くかのように生きている人の前にも、その扉は必ず現れる。現れてしまう。人間は『負い目』から、己の有限性からは逃れられないのだ」

「『負い目』からは……逃れられない……。では、この苦しみを消すことはできないということでしょうか？」

「そうだ。人間が人間であり、有限の存在であるかぎり、『負い目』を、『無力感』を無くすことはできない。おしゃべりや好奇心で覆い隠そうとしても、遅かれ早かれ破綻し、『負い目』が姿を現すだろう」

「そうでしょうか。『負い目』を感じない人間もいそうな気もしますが……。少なくとも以前の私はそうだったと思います」

　これは間違いない。以前の私ならば、ヒルダに何をしようが『負い目』なんてまったく感じなかったはずだ。

「はっはっは、なるほど、そういう人間もいるかもしれないな。とはいえ『負い目』という言葉はみんな知っているだろう？　つまり日常的に、いつでも起こりうる、ありふれた感情だということだ。たしかに『死の先駆的覚悟』をしなさいというのは高いハードルで非日常的な行為であろう。余命を宣告され死を実感させられるおまえのようなケースもそうそう起こることではない。だが、『負い目』であれば、それはとても日常的なものだ。何でもない日々の生活の中で、ふとしたときに感じられる可能性は誰にだってある。実際のところ、おまえは死を自覚してから『負い目』を強く感じるようになったと思うが、その前にも感じたことがあったのではないだろうか？

なぜなら、『負い目』という言葉を理解しているのだからな」

何気ない日常の中で、目をそらしてはいけないもの

たしかに『負い目』を一度も感じたことがないのであれば、そもそもその言葉自体が何を意味しているのかわからない気もする。だとすれば、私は以前に『負い目』を感じた経験があるはずだが……。しばらく考えてみると、ひとつ思い当たることがあった。

「そういえば以前、私の誕生日ということで連日盛大なパーティをしていたことが

あったのですが、それが終わったとき、今と似たようなもやもやを感じたことがあります。何というか、その……こんなことばかりしてていいのだろうか、と」

「うむ、まさに日常に感じる『負い目』の定番というやつだな。実際、そういう瞬間に『負い目』を感じる人は多いのではないだろうか。きっとおまえは、パーティの最中はおしゃべりと好奇心で心が満たされ、とても楽しかったはずだ。だが、ふとした瞬間……波と波の合間のような幕間……そういった隙間に『負い目』が顔を出してくる。こんなことがいつまでも続くはずはない、と。人生には限りがあるのに、こんなことを続けていて本当にいいのか、と。それはまさに、自分の有限性を感じとったということだ。

繰り返して言うが、『負い目』とは有限性への扉だ。人間が、無力であり、限りのある存在だと知らせてくれる大事なメッセージだ。そして『死の先駆的覚悟』を持つということは、究極の有限性すなわち『死』に向き合って生きるということ。だから、おまえが一瞬感じた『負い目（自己の有限性）』をそのまま見逃さず、向き合っていれば『死の先駆的覚悟』——『本来的に生きること』だってできたかもしれない。つまり、『負い目（良心）』とは人間を本来的な生き方に導く可能性であり、そういうものが何気ない日常の中にも潜んでいるのだ」

ここまできてやっと話が見えてきた気がする。

ようするに、こういうことなのだろう。

①良心とは、負い目を感じる心である。

②負い目は、人間の無力さ、有限性から生じるものである。

③また、負い目は、誰でもいつでも感じられる日常的なものである。

④その日常の負い目を見逃さず、向かい合うことで「死の先駆的覚悟（本来的な生き方）」ができる。

なぜ④の結論になるかと言えば、負い目と向き合うということは、「無力さ」と向き合うことであり、「有限性」と向き合うことであり、すなわち「死」と向き合うことであるからだ。

そして、きっとハイデガーはこう言いたいのだろう。

負い目を感じられる人間、いや、負い目という言葉を理解できる人間ならば、誰しも負い目を通じて「死の先駆的覚悟」ができるのだ、と。

ただ、ひとつ引っかかるところがある。

「あの……『負い目』と向き合えばと言いますが、具体的にはどうすれば良いのでしょうか？」

「うむ、その問いにハイデガーの言葉を借りて答えるなら、『良心の呼び声に耳を傾けよ』ということになるな」

「良心の呼び声……？　それはまた、なんというか……」

またもや抽象的で微妙な新しい言葉が出てきた。

「ええと、ようするに、何をすればいいか自分の良心が呼びかけてくるからそれを聞け——ようは自分の良心に従って生きよ、みたいな話でしょうか？」

「端的に言えば、その通りだな。ただし、ハイデガーは『良心の呼び声は無言だ』と言っている。つまり、内容のあることは何も言ってくれない」

「え？　どういうことでしょうか？」

「どういうこともなにも、言葉通り『呼びかけ』だということだ。たとえば、おまえが誰かを『おい』と呼びかけるとき、そこには何も内容を含んでいないだろう？」

「それはそうですが、でも普通、呼びかけには何か目的があるはずですよね。水を持ってきてほしい、とか。『良心の呼び声』なるものはいったい何のために呼びかけてくるのですか？」

「それは、おまえが『負い目のある存在』だと気づかせるためだ。つまり、『おまえは負い目があることを忘れていないか？』と、そのために『おい』と呼びかけてくるわけだ。だから、『あれをしろ、これをしろ』と具体的な命令はしてくれない。ただただ『気づけ』と無言の圧力をかけてくるだけの声ということだな。ちなみに言っておくが、『良心の呼び声』は突然呼びかけてくるようなものではない。今この瞬間にも、ずっとおまえに呼びかけている。おまえがそれを聞き逃しているだけにすぎない……。という話なのだが、納得いかないかな？」

「いえ……、言わんとすることはわかります。そもそも良心という言葉って、心の中に天使がいて、人が悪いことをしようとするときにその天使がジッと見ているようなイメージだと思うのです。『あなたは悪いことをしようとしていますが、それで本当に良いのですか？』と。それによってその人の生き方や振る舞いが変わるわけですが、ハイデガーの言う『良心の呼び声』も似たようなものだということですよね。おしゃべりと好奇心にうつつを抜かした生活をしているときに、ただただ呼びかけてくる。『おい、それでいいのか？　今死ぬかもしれないぞ、時間は限られているぞ、負い目を感じないのか？』と」

「おお、良い理解だな。まさにその通りだ。ちなみに、正直な話をすれば、『良心の呼び声』が本当にあるのかと問われたら、それに答えることはできない。その意味で一部の哲学界隈では、ハイデガーの良心論は哲学ではなく、ただのたわごとだという評価だってある。かの偉大な哲学者ラッセルですら『西洋哲学史』の中でハイデガーについてはいっさい触れていない。つまり、ハイデガーは哲学者ではないと見なされたわけだ。だが擁護するなら、何もハイデガーは突然、霊的な声が聞こえると言っているわけではない。人間という存在を分析した結果、人間は必ず『負い目』を持ち、その『負い目（己の有限性）』に気づく可能性を持って存在しているのだという洞察を導き出したということなのだ」

「うーん、でも――ラッセルさんのことはよく知りませんが――正直なところ評価しない気持ちもわかります。元々は『存在とは何か』についての哲学書だったのに、いつの間にか、良心やら負い目やら呼び声がどうとか言っているわけですから。哲学書というより道徳の本か人生の指南書のような印象を持ってしまうのは仕方ないのではないかと」

「道徳の本か……。ハイデガーはあくまでも哲学的に分析を重ねた結果を表明してるのであって、こういう生き方が善いとか悪いとか言っているわけではないのだがなあ……」

先生は不本意そうにぶつぶつと呟いた。

いや、「本来的な生き方」「非本来的は生き方」という言葉を選んで使っている時点で、こっちの生き方は善くて、あっちの生き方は悪い――そう言っているようなものであって、道徳的な本だという印象からは逃れられないと思うのだけれども。

「ともかく、『良心の呼び声』について私は納得しています。それほど突飛なことを言っているとは思っていません。ようするに、日々感じているはずの『負い目』の感覚から目をそらすな、という話でしょうし。ですが、そうするとやはり……」

「ん？」

「いえ、なんというか、やはりハイデガーは意地悪ではないかと……その確信がさらに深まりました。だって、言っていることは基本的に『嫌なものに向き合え』という話ばかりじゃないですか。死に向き合え、負い目に向き合え。しかもその上、こう考えれば楽になるよということでもなく、むしろその逆で、もっとその嫌なものを真っ正面から味わえ、みたいな感じですよね」

「はっはっは、たしかにそうかもしれないな。だが、まあ、ハイデガー自身も特殊な人生を送ってきた人でな。若いときは心臓疾患を抱えており、それで死にかけては蘇ったりと、そういう体験を何度もしている」

「え!?」

「食事中でも読書中でも、それこそ睡眠中でも発作が起きれば突然死ぬかもしれない。明日どころか、まさに今この瞬間に死ぬかもしれない――そんな人生を送ってきた人だったのだ」

「そうだったのですか……」

もしかしたら、ハイデガーも問いかけたのだろうか。自分の人生とはいったい何だったのだろうか、と。

「いずれにせよ、おまえは『嫌なもの』と言うが、それはおまえの解釈の問題にすぎないんじゃないか？　たとえば、おまえは負い目、すなわち『有限性』が良くないもので、それを自覚することが辛いことだという印象を持っているだろう？」

「もちろんそうです。どう考えても死ぬより死なないほうがいいし、有限より無限のほうがいいですよね」

「いや、そうとはかぎらないぞ。うーむ、そうだな。有限と無限の違いを実感してもらうため、なにかゲームを思い浮かべてもらおうか。カードゲームは知っているかな？」

「詳しくはありませんが、トランプぐらいなら知っています」

「よし、それでいいだろう。では、今わたしと向かい合ってトランプをやっているとしよう。そして、我々は神のように寿命がなく、いくらでも時間を費やせるとし、さらにこのゲームには終わりがないものとしよう。つまり、無限のゲームだ。どうだ、想像できたかな？　さて、我々は場の状況に合わせて、お互いにカードを捨てたり、引いたりするわけだが、それを一〇〇年、一〇〇〇年、いや、終わりがないのだから無限に繰り返すことになる。さあ、このときおまえは『やった、成功した』もしくは『失敗した、こうすれば良かった』などとプレイ中に思うだろうか？」

「いえ、思わないでしょうね。仮にうまくいこうと、もしくは裏目が出ようと、いくらでも次があるわけですし。いや、終わりがないのだから目指すべきものもないわけで、成功や失敗、良い悪いという考え自体が生じないように思います」

実際に想像してみたが、どんなカードを引こうと、何の感情も浮かばなかった。終わりがない、無限である――それが、ここまで無意味で無感動な風景を作り出すとは思わなかった。

「では、突然ルールが変わって、トランプのゲームに限りがある、つまり有限となった場合はどうかな。たとえば、カードが引ける回数が決まっており、ゲームとして明確なゴールがあったとする。そして勝負は一度きり。さあ、そこでおまえは、いずれかのカードを選ばなくてはならないわけだが、どんな気持ちになるだろうか？」

「ええと、そうですね……。一回一回の選択に取り返しがつかなくなるから、これで本当に良かったのか、悩んだり不安を感じながらプレイすることになると思います」

「そう、その通りだ。ゲームが有限になることで、はじめて成功失敗、良い悪いという価値や意味が生まれる。たしかに有限になったことで悩みや不安は生まれるかもしれない。いや、むしろ、必ず不安が生まれると言っていい。なにせ、『正解はわからない』うえに『取り返しがつかない』のだからな。だが、だからといって、おまえは無価値で無意味な『無限のゲーム』をプレイしたいとは思わないだろう？」

「そうですね。比較で言えば、たしかに有限のほうがマシのように思えます」

「うむ、それにだ。何度も言うが、おまえは道具ではなく、かけがえのない存在だ。これだって、おまえが有限の存在だからこそ、ではないだろうか。無限にスプーンがあるとして、その中のひとつを取り出して、これはかけがえのない存在だ、なんて言えないだろう？」

「たしかにそうですね」

しかし、だとしたら世界はなんて皮肉に満ちた作りをしているのだろう。

有限だから死ぬ。

でもだからこそ、交換不可能となり、かけがえのなさが生まれる。でもだからこそ、死にたくないと思ってしまう。でもだからといって、死なない無限の世界にすると価値や意味を失ってしまう……。

もし、この世に神がいるとしたら、いったい何のためにこんな世界を作ったというのだろうか。

あなたにとって、「かけがえのない存在」とは？

「ところで、おまえは他者に『負い目』を感じていると言ったが、気づいているだろうか。それは『他者の有限性』を感じているからだということを。わたしはそれをとても貴重で重要なことだと思っておる」

「どういうことでしょうか？」

「自己の有限性を思い知った人間は、自分の人生に対して『無力さ』や『負い目』を感じるという話は今まで何度もしてきた通りだ。だが、『他者に負い目を感じる』ということに対しては、『自己の有限性』を知るだけでは説明がつかない。たとえば、ある人が余命を突きつけられ己の有限性を自覚したとしよう。しかし、だからといって彼は、それをきっかけとしてスプーンに対して『負い目』を感じたりはしないだろう？」

「ええ、そうでしょうね。仮に、スプーンを傷つけて台無しにしたところで、取り換えるだけだと思います」

「そうだ。スプーンは道具的存在であり交換可能な存在、言わば無限に近い存在だからだ。それと同様に、他人も道具的存在として見なしていたら、やはり『負い目』を感じないだろうな」

その話は以前考えたことだ。仮に「大臣」が死んでも、新しい「大臣」がやってくる――そう考えていたからこそ、私の言動でどれだけ彼が困ろうと傷つこうと今までまったく関知してこなかったのだ。

「ええと、つまり、単に自己の有限性を自覚したからといって、他者に『負い目』を感じるわけではないと。だから、『他者への負い目』を感じるには、もうひとつステップが必要で、それはその他者も自分と同じ『有限の存在』『かけがえのない存在』だと知ることだ――というお話でしょうか？」

「その通りだな」

「しかし、先生、なぜそれが重要なのですか？　自己の有限性を実感し、本来的に生きるためであれば、別に『他者への負い目』を感じなくても良いのですよね？」

「ああ、いいか若者よ、ここは重要なところだから、ぜひ覚えておいてほしい。いや、ハイデガーの哲学を学ぶ上でもっとも重要なことかもしれない。ハイデガーの哲学は、死や覚悟など自分中心の深刻なキーワードが多い。このとき、自分だけが有限の存在、かけがえのない存在であるとしたら、自分の人生の意味を作るために、どんなに我儘で残酷なふるまいでも『他者に対してしても良い』ということになってしまう。なにせ、自分以外はすべて交換可能な道具なのだからな。だが、それではダメだ。そんな生き方には意味もなければ価値もない。尊くもなければ美しくもないだろう。それではハイデガーの哲学を半分も理解したことにならない。だから『自己の有限性』だけではなく、『他者の有限性』『他者のかけがえのなさ』『他者への負い目』を感じて初めてハイデガー哲学の理解は完成するのだ。まあ、世間には、ハイデガーの哲学には他者への配慮がない、と指摘する人も多いが、いやいや、そんなことはなく――」

その後も先生はハイデガー哲学と他者の関係性について興奮気味に解説を続けた。

一方、私はぼんやりと違うことを考えていた。ヒルダのことだった。

私は、ヒルダに「負い目」を感じている。それは間違いのないことだと思う。そして、それは言い換えると、私が彼女を「有限の存在」だと思っているということであり、それをもっと言い換えると「かけがえのない存在」だと思っているということである……。

——かけがえのない存在。

そんな相手が、私の人生の中で今までいただろうか。

——ヒルダ。

その名を思い浮かべた瞬間、「負い目」にも似た苦しさが胸の中を駆け巡ったのだった。

第7章

時間
（被投性と企投性）

「オルカさん……、今日も来てくれたんですね……ありがとうございます」

ヒルダは日を追うごとに弱っていった。もはや、数日前のように長く話すこともできない。食欲もなくなったらしく栄養のある食べ物もほとんど受けつけなくなっていた。

「あの……昨日のお話の続きを……」

それでも、ヒルダは何かを話そうとする。話し相手になってほしいという私の願いを律儀に叶えようとしてくれているようだ。

もしかしたら、私が疲れさせているのかもしれない。そんな心配から声をかけようとしたそのとき、突然ヒルダはさめざめと涙を流し始めた。

「どうした、どこか痛いのか？　それとも、何か気に障ることがあったか？」

「いえ……違うんです。オルカさんとお話できるのが嬉しくて、毎日がとても楽しみなんです。でも、なんだか苦しくて……。オルカさんが帰ったあと、もっとこう言えば良かった、ああ言えば良かったと……頭の中をぐるぐると巡って……後悔ばかりしてしまうんです。だって、もしかしたら、明日会えないかもしれない……もう二度と会えないかもしれない……そう思うと胸が苦しくて涙が止まらなくなって。すみません、変なこと言ってますよね、本当にごめんなさい」

「いや大丈夫だ、きっと体調が良くないから不安になっているだけだろう。だから、今日はゆっくり休んでほしい。私にできることは何かあるだろうか？　そうだ、洗濯をしようか。ここでのキミの仕事は洗濯なんだろう？　それができないことが気がかりになっているんじゃないか？」

「そんなことオルカさんにさせられないです」

「いいんだ、ヒルダのためだったら私は何だってしてあげたいんだ」

「え……あ、あの、ありがとうございます、オルカさんはいつも優しいですね」

その言葉に胸がちくりと痛んだ。

まだ迷っていた。ヒルダに本当のことを言うべきかどうか。もしかしたら、彼女に真実を言うことで、ひどく傷つけてしまうかもしれない。いや、その逆に、真実を言わないことで、もっと傷つけてしまうことになるかもしれない。

正解がわからない。でも、何かを選択しなくてはならない。でも、その選択は取り返しがつかない。有限であるとは、なんて不安で苦しいことなのだろうか。

「他に何かしたいこと、してほしいことはないか？」

「ええと……ひとつだけあります。あの……オルカ、と呼んでいいですか？」

「え？」

「すみません……ダメですよね、わたしなんか」

「もちろん、かまわないさ。そんなことだけでいいのか？」

「あ……嘘です……。まだあります。できれば、その……わたしが寝てしまうまで、そばにいてくれると嬉しいです」

「わかった、約束しよう。もし一人がさみしくて不安だっていうなら、寝つくまで手を握っていよう」

「え……あの……お、お願いします」

いつの間にか、自分の中で何かが変わってきているのを感じていた。私は、死ぬ。もうすぐ死ぬ。いや、次の瞬間にも死ぬかもしれない。その現実に向き合ったとき、私は他人なんかどうでもよくなるだろうと思っていた。だが、実際にはそうではなかった。むしろ逆——目の前の人間を愛おしいと感じるようになっていた。

しばらくすると、ヒルダのうなされる声が聞こえてきた。寝入ったようだが、安らかというにはほど遠い。私は、その場から離れることができず、テント小屋の中で夜を過ごした。大臣が心配をして深夜に様子を見にきてくれたが、無理を言って、自由にさせてくれと頼んだ。ヒルダに会うためにボロボロの服を着ていたが、私自身がそれに見合う風体になっていた。

「二つの時間」を比較する

翌朝、ようやくヒルダが落ち着いて寝息をたてているのを確認して、湖まで足を運ぶと、先生から今日が最後の講義だと告げられた。

もともとは『存在と時間』という哲学書を解説する講義である。「存在とは何か？」から始まったハイデガーの思索を追いかける長い旅は、ついに「時間とは何か？」を終着地として終わるのだと言う。

「では、いよいよ、ハイデガーの時間論について話していこう。が、その前に、まずは一般的な時間の理解について考えてみようと思う」

「ということは、つまり、ハイデガーの時間の考え方は、一般的なものとは違うということですね？」

「そうだ。一般的――ハイデガーは通俗的と呼んでいるが――ようするに、人間の時間理解の仕方には二種類ある。

①通俗的な時間理解
②根源的な時間理解

もちろん、ハイデガーは後者の根源的なほうだが、対比のためにも通俗的なほうをまずは押さえておこうと思う。さて、通俗的な時間、つまり日常生活において時間と言ったとき、おまえは何を思い浮かべるだろうか？」

「それはまあ、時計ですね」

「そうだな。人間にとって日常的な時間と言えば、やはり時計だろうな。実際、多くの人たちが、時計に基づいて時間というものを捉えているはずだ。ちなみに、時計と言うと歴史的に最近使われ始めたもののように見えるかもしれないが、時計の起源は思いのほか古い。たとえば日時計は紀元前四〇〇〇年頃からすでにあったりする」

紀元前四〇〇〇年……！　気が遠くなるほど果てしない昔だ。いや、太陽と影はそのもっと前からあるのだから、本当の始まりはさらに古いのかもしれない。

「では、時計の特徴と言えば何だろうか。それは、棒や影――なんでもいいが、針状のものが、ある位置を占めていることで、ある時刻を表しているということだ。

たとえば、時計を見る。針の位置で今の時刻がわかる。しばらくしてからまた時計を見る。すると、針が動いていて今の時刻がわかる。つまり、見るたびに『今という時間がそこにある』というわけだ。そして、針はゆっくりと動き続けているのだから、時計を見続ければ『現在（今）という時間が流れていく』という感覚が生じるだろう。

仮に、『カチッ、カチッ、カチッ』と針が動くタイプの時計で言えば、『今、今、今』という感じで時間が過ぎていくのを実感できるはずだ。

これが、時計に基づく通俗的な『現在』の時間理解である。

さて、現在がわかれば、過去や未来の理解は簡単だ。過去とは、すでに過ぎ去った『今、今、今』である。未来とは、これから来るであろう『今、今、今』である」

先生は、いつものように枝を使い、地面に絵を描き始めた。

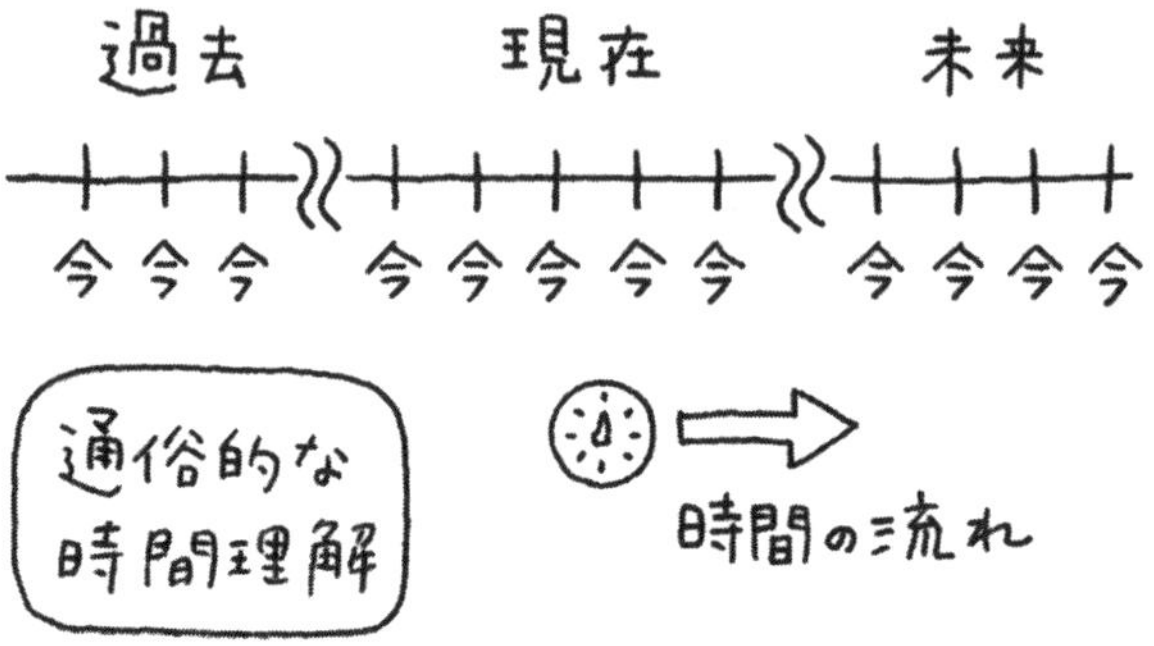

「この絵の通り、『今』という時間が、一定の速さで流れていく平坦な直線のイメージ。さあ、これが通俗的で日常的な、いわゆる普通の時間理解だ」

「自分の中にあった時間の理解と同じなので、まったく異論はありません」

むしろ、これ以外の時間理解なんてあるのだろうか。

「さて、この通俗的なイメージでは、時間は『無限』に続いていくことになる。図を見てわかるように、『今』という時間の流れには終わりがないように思えるからだ。実際、時間の流れが止まる理由をおまえは思いつくだろうか？」

「いいえ。できません。仮に地球が爆発

して何もなくなったとしても、時間だけは変わらず流れている光景が想像できてしまいます」

「うむ、今の想像は、まさに通俗的な死のイメージでもある。実際、おまえは自分が死んだあとも、今までと変わらず時間が流れていく、つまり、世界が継続していくというイメージがあるだろう?」

「もちろん、そうです。私が死んだからといって時間が終わったり、世界が消えたりはしません」

「通俗的にはそう思うわけだが、ではここで問い方を変えてみよう。おまえが頭の中で概念として、こういうものだと思い浮かべている時間ではなく、おまえ自身にとっての時間、という視点で考えてみてほしい」

「私にとっての時間?」

「おまえにとって時間は、本当に無限だろうか?」

ハッとした。たしかに、そんな問われ方をしたら答えはまったく異なる。

「いいえ、違います。私にとって時間は有限です」

「そうだろう。さっきまで、時間は無限である、ということで同意していたと思うが、問い方の視点を変えただけで、まったく逆の答えになってしまったな。実際おまえは、時間がない、時間が足りない、という実感を持っているはずだ。さあ、ここまできたらわかったと思うが、ハイデガーのいう根源的な時間理解というのは、こういう視点で時間を考えていくということだ」

なるほど。通俗的な「時間とはこういうものだ」という常識にとらわれず、あくまでも自分にとって時間がどう存在しているか、ということか。

過去とは、勝手に放り込まれた世界

「では、まず過去から考えていこう。繰り返すが、過去について考えるとき、時計のように時間を考えてはいけない。つまり、単純に『すでに過ぎ去った今』として過去を捉えてはいけないということだ。あくまでも、おまえという人間にとって過去とはどのようなものであるか、そういう視点で考えてみるのだ。その場合、過去とはおまえにとって『変えられないもの』として存在するのではないかな？」

「もちろんそうです。過去は変えられません」

「つまり、どうにもならないもの、だということだな。だから、過去とは己の『無力さ』をおまえ自身に突きつけるものだといっていい」

「無力さ……負い目……、あ、これが前に言っていた『過去への負い目』というやつでしょうか？」

「おお、よく覚えていたな。その通りだ。ようするに、ハイデガーの時間論とは『過去、未来、現在』を、それぞれの負い目つまり『無力さ』として理解せよという話なのだ」

「それでしたら理解できます。たしかに、過去のこと、やってしまったことはどうにもならないわけですから」

「うむ、だが、そこからさらにもう一歩踏み込んでほしい。過去に対する無力さとは、その程度ではない。たとえば、おまえは過去の出来事は変えられないと言いつつ、自分の責任つまり自分が操作できたことだと思ってはいないだろうか？」

「違うのですか？」

「違うな。それだと過去は『そのときにはどうにかできたこと』という実感になるだろう。それではまったく無力ではない。過去の無力さとは、もっと深く根源的なものなのだ。では、こう考えてみよう。究極的な過去――おまえにとって最大の過去を考えてみるのだ」

「最大の過去……？　つまり、一番古い過去ということでしょうか？　ええと、私にとって、ということなら、私がこの世に生まれてきたときでしょうか？」

「そうだ。では訊くが、それに対しておまえは責任があるだろうか？　おまえの意志はあったのだろうか？」

「いいえ、ありません。王族に生まれたいと願ったこともなく、気づいたらすでにその家に生まれていました」

「そうだろう。それは真の意味で、おまえにとって『どうにもできないこと』だったと言えるわけだが、このことをハイデガーは『被投性《ひとうせい》』という言葉で表現している。被投性――投げられるのを被《こうむ》る、つまり、おまえは過去において世界に勝手に投げ込まれてしまった、というわけだ。ちなみに、どこの家に生まれるかを選べなかったというレベルの話だけではないぞ。動けば腹が減り、食べなければ死ぬ。寒ければ凍え、高いところから落ちれば死んでしまう。そんな死がある世界で何らかの行動を選択して存在しなければならないこと――それだって、おまえが自分自身の意志で決めたわけではない。つまり、おまえにとって『過去』は一方的に被ったもの――他から押しつけられたものなのだ」

たしかに私が生まれた瞬間から宇宙も地球も物理法則もすでにあったし、母国もそしてその国が背負う歴史だってすでにあったわけだ。そうした私を取り囲むあらゆる状況について、生まれたばかりの私がどうにかできた可能性はいっさいないだろう。そう考えれば、なるほど、「過去とは私にとってどうにもできないもの」というのは実感としても本当にその通りだと思う。

未来とは、ひとつしか選べない世界

「では、次に未来について考えていこう。つまり、未来の負い目、無力さとは何か、ということだ。どうかな、なにか思いつくかな？」

「そうですね……未来のことは予測できない、という無力さでしょうか？」

「うむ、うまく本質をついているな。もう少し補足するなら、予測できない上に『ひとつの可能性しか選べない』というのが未来の無力さの根源となっている」

「ひとつの可能性しか選べない……ですか」

「そうだ。たとえば、おまえには様々な行動の可能性がある。何をしてもいい。それこそ無限に近い選択肢があると言っていいだろう。だが――おまえはその中のひとつしか選べない。逆に言えば、『それ以外の選択肢』をすべて手放すということだ。もちろん、せめて選択したその可能性が、正解と呼べる素晴らしいものであったら良いのかもしれない。だが、以前から言っている通り、人間は万能の存在ではない。何が正解かなんてわからないのだ」

「つまり、何が正しいかわからない状況で、たくさんの中からひとつだけを無理やり選ばされている……という感じでしょうか？」

「そうだ。このことをハイデガーは『企投性《きとうせい》』という言葉で表現している。企投性――投げ込むことを企《くわだ》てる、つまり、おまえは不確定な未来に向かって、自分自身を投げ入れることしかできないということだ」

「ええと、過去が『被投性』で、未来が『企投性』ですね」

頭の中で整理する。ようするに、過去とは「何だかよくわからないけど、えいやと投げ込まれてしまった、どうにもならないもの」であり、未来とは「何だかよくわからないのに、自分自身をえいやと投げ込むしかない、どうしようもないもの」ということか。

現在とは、無力さを突きつけられる世界

「最後は、現在だ。現在——すなわち今に対する『負い目』『無力さ』とは何か？

それはおしゃべりと好奇心に抗うことができず、その行為に逃避してしまうということだ。ようは、わかっていてもやめられない、ついついしてしまう、という『無力さ』だな。過去と未来の話で明らかにしたように、人間とは、何らかの可能性を選択

する世界に放り込まれ、その可能性をひとつだけ選択して生きていく存在である。そういう存在である以上、どんな選択をするか真剣に向き合うこともできるのだが、ほとんどの人間はそんなことはできない。目の前にやってきた刺激や情報に対して、夢中になって埋没していく。おまえの周りにもいないだろうか？　何も考えずぼんやりとしながらも、そのくせ、常に忙しそうにしている人間が。そういう人間は、顔の前に人参をぶら下げられた馬のごとく、自己を喪失しながら、何かに追い立てられるように、場当たり的に日々の選択をこなしていく。つまり、多くの人間にとって、現在という時間は、自分の思い通りにできない『無力さ』を持って存在しているということだ」

これも実感としてはよくわかる。現在――今という時間が大切だというのは誰もが知っている。しかし、考える間もなく、次々と新しいことがやってきて、それに対応しているうちに一日が終わっていく。その結果、時間を無駄にしたという「負い目」にさいなまれるわけだが、かといって、生活の都合上どうにもならないし、何をすれば良いかもわからない。そして、結局また雑事に追われ、空き時間をおしゃべりや好奇心に費やし、一日を過ごしてしまう。その意味で、現在という時間において人間は無力であり、負い目を持ってしまう、という話もやはりその通りだと思う。

「さて、以上で、過去、未来、現在について説明が終わったわけだが、絵として表現してみようか。このように時間というものは、人間にとって『負い目（無力さ）』を伴って存在しているとハイデガーは分析したわけだが、少しネガティブに感じてしまっただろうか」

「いえ、むしろ相変わらずだなと思いました。そして、きっと次は、そのネガティブなものから目をそむけずに向き合いなさい、と言うのかなと思っています」

「ほう、よくわかってるじゃないか。さすがにハイデガーのやり口がわかってきたようだな。ハイデガーの哲学は難解だとされているが、実際にはワンパターン、いや、良くいえば一貫性がある。ようするに、こういうことだ。

まず前提は、『人間は有限の存在である（死ぬ存在である）』ということ。

この前提により人間は必ず『負い目（無力さ）』を感じる。

この『負い目』から目をそらした生き方が『非本来的な生き方』であるが、ハイデガーは、この『負い目（自己の有限性）』に正面から向き合えと言う。いや、それどころか、『自分が有限であること（自分が死ぬこと）』を先取って覚悟しろと言う。そ

過去
勝手に放り込まれた世界
世界
未来
ひとつしか選べない
現在
目の前のことで精いっぱい
好奇心
おしゃべり
仕事
ニュース

れが『死の先駆的覚悟』であり、そうした生き方を『本来的な生き方』と呼ぶわけだ」

初めて聞いたときは呪文のようだった話も、今ではすんなり理解できることに小さな感動を覚えた。

あなただけが選べる、たったひとつの可能性

「さて、ここでこれまで出てきた『死の先駆的覚悟』や『本来的な生き方』つまり『自己の有限性に向かい合って生きる』ということをしたとき、『過去、未来、現在』の時間は今までと違った形でおまえの前に現れるだろう。

先にポイントを伝えておくと、さっきまで『無力さ』とされていたそれぞれの時間の特徴を、積極的にポジティブに変換していく、ということだ。

まずは未来――これの無力さとは、ひとつしか選べないということだったな。だが、

これは逆に変換すれば、ひとつを選べるということだ。つまり、『おまえだけの、おまえオリジナルの可能性をひとつ選択できる』ということになる」

「それはまたポジティブな変換ですね。でも、そうは言っても、何を選択すればいいか、正解がわからないんですよね？」

「うむ、だからこそ、そこで過去に向き合うのだ。過去とは『被投性』つまり、勝手に投げ込まれた、どうにもならないものである。が、これも逆に変換すれば、その状況に投げ込まれた人間はおまえしかおらず、おまえオリジナルの過去だということになる」

「オリジナルの過去……、たしかにポジティブに捉えるならそうなりますね」

「そうだ、ハイデガーはこれを『宿命』と呼んだ。たとえば、ある人が、何らかのハンデを背負って生まれてきたとしよう。それ自体は、その人が選んだことではないし、何の責任もない。まさに、そのように投げ込まれたわけだ。だが、ポジティブに捉えるなら、それはその人ならではの過去――『宿命』だと受け止めることもできる。そして、その宿命から考えれば、未来において何をすれば良いかも自ずとわかってくるのではないだろうか。もちろん、その選択が正解であるかはわからない。うまくいく保証もない。だが、『その人ならではの過去』から『その人ならではの未来』を選択したのであれば、結果がどうであれ正解と呼んで良いはずだ。だから、人生に迷ったときは『反復』せよとハイデガーは言う。自分が今まで何をしてきた人間なのか、どんな環境に放り込まれた人間なのか。過去を反復することで、自分オリジナルの可能性が見えてくる。

さあ、最後は現在――ここまでくれば話は簡単だ。現在という時間において、宿命から導かれた自分固有の可能性を自らの意志で選び取り、実践するのだ。そのとき、現在は、逃避の場ではなく、本来の人生を生きる場として現れるだろう」

今まで陰鬱な話も多かったが、最後の最後で勇気がわいてくるような話だった。

「さて、これで講義は終わりだ。もしかしたら、あっけなかったかな？　まあ、哲学書とはそういうものだ。最後のページにすべての謎を解くカギが書いてあって、急に人生が開けるような体験が起こる――なんてことはまずありえない。どんな哲学書だろうと、あっけなく唐突に終わるものなのだ」

「いえ、十分です。私にとって一番大事なことを学べました。私が生まれた環境、やってしまったこと、そして、自分が死ぬということ……、それらから目をそらさず、残された時間で自分のできることをやろうと思います」

結論だけ聞くと、たいした話には思えないかもしれない。実際、私が理解したことを要約すると、単に「限りある人生を、前向きに自分らしく生きよう」ということにすぎない。きっと先生と出会ってすぐにこの結論を聞かされても納得できなかっただろう。

でも、今は違う。さんざん悩み、考えて、そのたびにハイデガーの哲学を丁寧に説明してもらった今では、同じ言葉でも重みを持って心に響いている。

「以前先生から教えていただいた、ハイデガーの人間の定義――

『人間とは自己の固有の存在可能性を問題とする存在である』

本当にその通りだと思います。

『自分の人生とは何だったのか？』

『自分という存在はいったい何だったのか？』

人間は、それを問いかけざるを得ない。その問いに答えを出すために生きざるを得ない。なぜなら人間は有限の者として存在しているから、そして死ぬ者として存在しているから」

先生は、私の言葉に満足したようにうなずいた。

と、ここで感謝でも述べて終わらせておけば良かったのだが、ふと、ある疑問がわいてきた。それはあまりにも無粋なものだった。

「あの……その問いの答えって、そもそも見つかるものなのでしょうか？」

我ながら意味のない、理解を疑われるような問いだと思う。そんなこと訊いたってしょうがない、と一蹴される話なのだが、なぜだろうか、何かにひっかかって、つい口から出てしまった。

人は「絶対に手に入らないもの」を求めている

だが意外にも先生は、バカにするどころか感心したような表情を浮かべた。

「まさに核心をついた質問だな。これはハイデガーも言っていることだが、『自分の人生とは何だったのか？』――その問いに答えを出すことは不可能だ」

「え、不可能!?」

難しいがそれは自分次第だ——という回答は予想していたが、絶対にできないという答えは予想外だった。

「よくよく考えてみればわかる話だ。だってそうだろう。人生なんて死ぬ寸前まで、どうなるかわからないじゃないか。かつて古代ギリシャの賢人ソロンもこう言っている。『人間は幸運だとは言えても、幸福だとは決して言うことはできない』と。たとえば仮に、ものすごく善人で、皆から愛され、日常のすべてが快楽で満たされている人間がいたとしよう。しかし、その人は、死の間際、あまりの痛みに取り乱して、家族や恋人を口汚く罵るかもしれない。もしくは、生まれてきたことを後悔し、神を呪い、人生のすべてを否定するかもしれない。もし、そんなことが起きたとしたら、彼は幸福な人生だったとは言えないだろう？　だから、ある人の人生がどうだったかなんてことは死ぬまでわからない。つまり人生とは、死んで完結するまで、その意味も価値も決して定まらないものなのだ」

「いや、待ってください。話はわかりますが、でも、死んでしまったらもう……」

「そう、その通りだ。死ねばもう経験できない。死んで人生が終わって、人生全体が何だったのかが確定したとしても、それを経験できるものはすでにいないというわけだ」

「だから不可能だということですね……。じゃあ、人間は絶対に手に入らないものを求めている、ということになるのでしょうか？」

「そうだ。だが、それが人間という存在のあり方なのだ」

「なんというか、最後の最後までハイデガーらしいですね」

あまりに身も蓋もない話に思わず、ため息が出た。

「きっとハイデガーの哲学はまだまだ奥が深くて、今のように聞いていない話もたくさんあるのでしょうね」

「それはそうさ。生涯をかけてハイデガーだけを研究している学者がいて、その人ですらまだよくわかっていないと言うぐらいだからな。だがそれでも、ハイデガー哲学のエッセンス、核心の部分はおまえに伝えられたと思っているよ。とは言え、そうだな……心配ならば卒業試験のようなものでもやってみようか。実際に『良心の呼び声』に耳を傾けてみるんだ」

「わかりました、やってみます」

私は深呼吸をし、ゆっくりと目を閉じた。もちろん声などは聞こえない。風で揺れる木々の葉の音だけが頭の中に響いていた。しばらくすると、いろいろな記憶が脳裏に浮かんでは消えていった。

放蕩《ほうとう》のかぎりを尽くしたこと。そういえば大臣相手に気分のままに怒鳴って、皿を投げつけたこともあったな。父親から贈られたサファイアに夢見心地になったこと。それから、死を宣告されたこと、ヒルダを蹴り飛ばしたこと……。

ああ、なんて愚かで粗野な人間だったんだろう。すべてのことに、もはや取り返しがつかない。そして、私は死ぬ。今この瞬間にも死ぬかもしれない。

そう思ったとき、内側からじんわりと「負い目」のような感覚がやってくるのがわかった。一見すると不快な、その感情に意識を向けてみる。「それ」はいったい私に何を伝えようとして現れたのだろうか――。

「どうかな」

「はい……何も聞こえませんでした。ただ――心の内から、このままではいけない、という強い気持ちがわき上がってきました」

「ほう」

「過去を振り返ってみたのです。正直に言えば、まだぼんやりとしていて、自分の宿命が何なのかわかりませんでした。だから自分が未来に何をすれば良いかもわかりません。でも……それでも、心の奥から呼びかけてくるような感覚があって、そうしたら、ある人の顔が思い浮かんできて、なんというか――このままではいけない、そう思いました」

気がつくと、さっきと同じ言葉を繰り返していた。あまりに稚拙で、何の具体性もない言葉。だが、実際それしか言いようがなかった。

先生は私の言葉に満足そうな笑みを浮かべた。

「よい、それでよい！　おまえは確かに『良心の呼び声』を聞いた！　さあ、行くがいい。もうここには用事はないはずだ」

「ありがとうございました」

私は、そのまま背を向けて走り出した。まだ選ぶべき未来はわからない。何をすれば良いかもわからない。だが少なくとも、進むべき方向だけは間違っていないことは確信していた。

第8章

世界内存在

「おはようございます、オルカさん。洗濯、精がでますねえ」

「はい、ありがとうございます。あ、洗い物はそのへんに置いといてください」

最後の講義から四日目の朝を迎えた。私は河原で洗濯をしていた。ヒルダがやるはずだった仕事、それをやらせてほしいと申し出たのだった。

冬でもないのに、川の水は冷たかった。手が赤く腫れたようになり、すぐに痒《かゆ》くなる。それでも仕事として最後まで終えなくてはならない。つらく苦しいが、きっとこの暮らしでは当たり前で、不満を言うほどのことではないのだろう。

河原でヒルダ以外の人間と話すのは初めてだった。私の存在を不信に思う者もいたが、総じてみな良い人たちだった。お互いに助け合って生きているからかもしれない。

昼間の雑事が終わると、ヒルダのケアに専念する。熱の苦しみが少しでもやわらぐように、川の水を浸した布で顔をふく。傷口の腐った臭いにひかれてやってきた羽虫たちを追い払うのも、初めてのことでなかなかの苦労だった。

ヒルダが意識を失う時間が増えてきた。終わりのときは近かった。もちろんそれはお互い様だ。実際には自分のほうが先に死ぬかもしれない。残りの時間はあと五日もないぐらいだろう。だが、そんなことよりも、今はヒルダが苦しんでいるなら、少しでもそれを癒してあげたい。そうすべきだと思っていた。

ふと、ヒルダの手が目に入った。骨と皮だけで、それは枯れ木のように生気を失っていた。私は、その手を取り大切な宝物を扱うように撫でたあと、手の甲に口づけをした。愛おしいと思ったからだ。

「キス……してくれたの？」

ヒルダは目を覚ましていた。

「ああ、すまないヒルダ、気分はどうかな。水でも飲むかい？」

思わずしてしまったことを知られて恥ずかしい気持ちになったが、彼女の意識が戻った嬉しさのほうが上回った。

「……ありがとうオルカ。でも、キスするなら……くちびるのほうが良かったな……。あ、でもわたしのなんて汚くてイヤだよね……」

「ヒルダ……」

そんなことはない、そうじゃない、と否定したかった。だが、うまく言葉が出てこない。

「ヒルダ、私は……」

私は——私には、そんな資格はない。彼女を愛する資格も、愛される資格も……。

「……起こしてほしい」

何も言わない私に失望したようなヒルダの声が響いた。

私は黙ったままヒルダを抱き起こした。水を飲ませ、しばらくそのままの体勢でいた。もはや発熱すらなくなり、弱りきって冷たくなった身体を少しでも温めてあげたいと思ったからだ。

私は、ヒルダに自分の罪を告白しないことを決めていた。彼女をこれ以上苦しめる必要なんかない。私が罪を隠し、卑劣な嘘つきとして死ねば良いのだ。それは、もちろん心苦しいことである。もしも死後があったとしたら、私は地獄に落ちるのだろう。だが、それでかまわない。私が苦しんだほうが最善な選択だと思ったのだ。

だが——ヒルダに嘘をついたままでいるということは、同時に彼女を愛する資格を失うことを意味する。だから、私にできることは、彼女をケアし、病んだ身体を温めるためという名目で、ただ黙って抱き締めることだけだった。

そして、いよいよ、そのときがやってきた。

ヒルダがうめきだし、容態が急変した。痛い痛いと小さく囁《ささや》くような悲鳴を繰り返し、今までにないほど苦痛に顔を歪ませている。痛み止めの薬も飲ませたが、それでも変わりはなかった。ヒルダは、痛みを紛らわせるためか、それともこれが最期だと悟ったのか、息も絶え絶えに話し始めた。

「ねえ、オルカ……わたしの人生ってなんだったの？　お金もなくて身体も弱くて……何の取り柄もない足手まといで……生まれてからずっとみじめな気持ちで生きてきた。でもね、わたし頑張ったんだよ。ツラくても笑ってた。ひどい人にも悪口言わなかった。苦しくても痛くても寂しくても、ぜんぶ耐えて頑張って生きてきた。それなのに——死んだら終わり？　じゃあ、こんな思いしてまで何のために今まで生きてきたの？　わからないよ、ねえオルカ、わたしが生きてきたことに意味はあったの？　全部無駄だったの？　このまま死んで消えるなんてそんなのイヤだよ！　怖い、怖いよオルカ、死にたくない、わたし死にたくない！」

ヒルダは涙を流しながら身をよじり、何度も死が怖いと泣き叫び続けた。

今こそ先生に教わったことを話すべきだと思った。死を覚悟し、自己の有限性と向き合い、本来的に生きるのだと。ヒルダが前向きになれる希望の言葉、死の哲学者の救いの言葉――それを今こそ投げかけてあげなくてどうするというのだ。

だが、死の淵で苦しんでいる彼女を目の前に、私の口からは、まったく違う言葉が出てきた。

「ああ、そうだ、ヒルダ、私だって怖い！　死にたくない！　頑張って生きても、前向きに生きても、死んで消えるなら、やっぱり何もかも無駄じゃないか！」

死の虚無感。すべての意味が奪われ、自分の存在が否定される感覚。底無しの谷に落ちていくような絶対的な無の恐怖――どんな言葉をかけようと耐えられるわけがない。

だから、ただただ謝ることしかできなかった。

「ごめんヒルダ！　何もわからない！　私は何もできない！　何もしてあげられない！　ごめん、本当にごめんなさい！」

なんて私は無力なんだろう。なぜこんなにも役立たずなんだろう。

私は顔を涙でぐちゃぐちゃにしながら、ヒルダを抱き締め、謝り続けた。

そして、夜が明ける頃、ヒルダは静かに息を引き取った。

私は周囲の者たちにヒルダが亡くなったことを告げたあと、ふらふらと外へと飛び出した。目的もなく、溢れ出る涙をそのままに、さ迷うように歩いた。気づいたら街の中にいた。まだ涙は止まらなかった。嗚咽を繰り返しながら、人混みの中を歩いていく。通りすがりの者たちが私を見ていたが、そんなことはどうでもよかった。

ヒルダが死んだのだ。いなくなってしまったのだ。

「ねえオルカ……生まれ変わったら……わたしは恋がしたい」

ヒルダの最期の言葉だった。

いなくなった今となっては、はっきりとわかっていた。私はヒルダに愛情を感じていた。彼女を愛していた。だが、もう彼女はいない。そして、私も、もうすぐ世界からいなくなる。だったら、なぜ私は今生きているのだろう？

心が空っぽだった。無力感と後悔で、押し潰されそうだった。もはや生きている意味も価値もない。そして、結局、最後には死んで消えてしまうのだとしたら、今死んでも明日死んでも同じことではないか。

だったら、もうこんな世界に一秒だって存在していたくない。

終わろう。終わらせてしまおう。

湖での出来事が頭に思い浮かんだ。余命を告げられすべてに絶望し、湖に身を投げようとした暗い記憶——と同時に、別の光景が浮かんできた。釣り竿を持って明るく微笑んでいる老人の姿——。
そうだ、先生だ。会いたい。先生に会いに行こう。

「死の恐怖」とどう向き合えばいいのか？

そう思って一歩踏み出したそのとき、正面の群衆の中に見知った顔を見つけた。偶然にも、先生がそこに立っていた。

「おお、若者よ」

「先生、どうしてここに」

湖以外で会うのは初めてだった。いつもは軽装な先生が、今日はたくさんの荷物を背負って、重そうに少し腰を曲げている。私は嫌な予感がしていた。

「別れの挨拶をしにきたのだ。今からこの国を去るつもりだ」

その言葉に突き落とされるような感覚を覚え、絶望が全身を駆け巡った。よろよろとつまずきながら駆け寄り、すがりつくように先生の足元に伏した。

「ああ、どうか行かないでください。先生までいなくなったら私は……」

先生はゆっくりと首を振った。そして、穏やかな声で話し始めた。

「若者よ、顔を上げろ。街の人々を見てみるんだ。ほら、いろんな人がたくさんいるだろう？」

言われた通り顔を上げると、道を行き交う群衆が目に入った。みな忙しそうに先を急いでいる。

「彼らはみなそれぞれが異なる方向に歩み、異なる人生を生きている。右に曲がるやつもいれば、左に曲がるやつもいる。きっとおまえとは全然違う考え方のやつもいるだろうし、気の合わないやつもいるだろうな。価値観も思想も宗教も人それぞれで違うのだから当たり前だ。

そして、だからこそ争いが生まれる。唯一正しい価値観、思想があれば、その争いを止めることができるかもしれないが、そんなものはない。あったとしても人間にはわからない。つまり、人類全体で共有できる『正しさ』『正義』がどこにもないということだ。だから、分断や対立が起こり、それぞれの人間たちは孤独を抱えて生きていくことになる。

では、時が進み、技術が向上し、より生活が豊かになれば孤独は癒されるだろうか。たくさんの情報を収集し、個人個人に適した楽しみが自動的に供給される時代もくるかもしれない。目の前に人がいなくても言葉を送り合い、他者への負い目を感じずに人間関係を構築できる時代もくるかもしれない。効率的に快楽を満足させてくれる最適な社会――おしゃべりや好奇心で人生を満たしてくれる安全で快適な社会――それはいつの日にか、きっと訪れることだろう。だが、それは、右を好む者にはより右の道を選ばせ、左を好む者にはより左の道を選ばせ、お互いに出会わなくなる社会を作るということでもある。つまり、技術が向上して快楽は増えたのに、社会の分断は広がり、個人としては孤独が加速してしまうということだ。結局のところ、個人が個人として楽しみや快適さを追求しても、孤独は癒されない。幸福にはなれないのだ。

では、バラバラになった個人同士が繋がれるものがこの世にあるだろうか？　人類共通のものがこの世にあるだろうか？

ある。それは死だ。『人は必ず死ぬ』――その一点についてだけは、誰もが共通していることだ。あまりに当たり前すぎて見過ごしがちだが、これはじつにすごいことではないだろうか。だって、見ろ、これだけ人間がいて、それぞれが違う人生で、それぞれが違う方向へ歩んでいるのに、そこだけは全員同じなのだ。それぞれが向かう先には、必ず死が待っている。つまり、全員が死に向かって歩いているのだ。

人は死ぬ。裕福だろうが貧乏だろうが死ぬ。賢かろうが愚かだろうが死ぬ。王族だろうが平民だろうが死ぬ。勝者だろうが敗者だろうが死ぬ。最後にはみんな必ず死ぬのだ。そんな死を運命づけられた人間たち――彼らは、きっとこれからも考え方の違いから争ったり、孤独を感じたりするのだろう。だが、彼らが悪いのではない。誰も悪くはない。すべての問題は、死という確実な現実から目をそらして非本来的に生きること――それがあらゆる混乱の原因なのだ。もし、人間たちが『自分が死ぬ存在である』ことを正しく認め、そして同時に『他者が死ぬ存在である』ことをお互いに認め合えたとしたら――彼らは思想も国家も宗教も超えた根源的なところで深く繋がることができ、人は人にもっと優しくできるのではないだろうか。そうすれば、この世界は今よりずっとマシで、幸福なものになっていたかもしれない。――おっと、すまないな。ずいぶんと脱線してしまったかもしれない。つまり、わたしが何を言いたかったかというとだな――おまえは決して孤独ではないということだ」

とてもありがたいと思った。私の様子がおかしいことを察して、慰めようとしていることが伝わってきたからだ。でも、それでも――

「ありがとうございます。でも、ダメなんです。結局、私は何も理解できていませんでした。いまだに死が恐ろしく、寂しさと虚無感が心から離れないのです」

自分の不甲斐なさ、無力さに涙がこぼれ出る。そのまま地面に額を押しつけ、子供のように泣きじゃくった。

「そんなことはない。おまえはもう大丈夫だ」

ふわっとした懐かしい温かさが空から降ってきた。先生が優しく頭を撫でていた。

「さあ、お別れの時間だ。良心の呼び声に耳を傾け、どんなときもおまえらしい、おまえ固有の生き方を目指しなさい。そして、よいか若者よ、これから言うことが本当に最後の言葉だ。他の難しい話はすべて忘れてかまわない。ただ、この言葉だけ、この一言だけ覚えておくのだ。

『人生は終わるまで終わらない』

だから、オスカー、生きろ！　死ぬまで生きるのだ！」

先生は私とすれ違うように歩き出し、群衆の中へと消えて行った。消えた先をじっと見ていたが、戻ってくる気配はなかった。まるで死のような、あまりにもあっけない別れだった。

ヒルダもいない。先生もいなくなってしまった。私はついに一人きりになったのだと実感した。

——そのときだった。

くすんだ赤い色が目に飛び込んできた。それは、たまたま目の前を通り過ぎた老婆が身につけていたマフラーの色であった。そのマフラーは、色褪せ、くたびれており、ところどころ糸もほつれていた。でも、だからこそ、大切に使っているのだということが見てとれた。もしかしたら、孫や子供からの贈り物だったのかもしれない。それをいつまでも大切に、愛おしそうに身につけているお婆さんの人柄がそのマフラーから溢れ出ているようだった。なぜか涙がこぼれてきた。感動が胸にこみ上げてきた。ただのくたびれた赤いマフラー、そして、それを身につけて歩いている背の曲がった老婆の姿——それがそのまま、奥深い背景がのぞき見えるような崇高な芸術作品に見えたのだ。

と、そう感じた次の瞬間、すべての景色が変わった。それまで人の群れとして認識していた群衆が、突如として、一人ひとりが浮かび上がってくるように見えたのだ。子供の手を乱暴にひいている母親がいた。もたもたするなと口汚く子供を罵りながらも、その手は針仕事のせいか、痛々しいほど傷だらけであった。どちらが強いかを言い争っている酔っ払いの男たちがいた。威勢よく声を荒らげているが、その目は互いを見ておらず、その奥には深い孤独と怯えの色を湛《たた》えていた。マッチを売っている少女がいた。通りすがりの男たちに愛想良く微笑んでいるが、目には涙の跡があり、その頬はなぜか赤く腫れ上がっていた。

それぞれが――それぞれとして――それぞれの人生を生きている。

あの人も生きている。あの人も生きている。あの人も生きている――そして死ぬ。

みんな死ぬ。

目に映る人すべてが死を抱えて生きていた。彼らは自分と同じ人間なのだと、わかっていたはずなのに、今初めて気づいたような気分だった。

人間？

その言葉に違和感を覚えた。なぜだろうか、彼らを「人間」と呼ぶと何か大切なものを見過ごしている感覚にとらわれた。だって彼らはそれぞれが生きている。そんな彼らを一括りに「人間」とすると、一般的な量産品、道具のような扱い方をしているように感じられてしまったのだ。

では、どんな表現にすればいいだろうか。なんと言えばしっくりくるだろうか。自分が彼らに対して、今どのように認識しているかをそのまま言葉として口に出してみた。

「彼らは——気づいたらこの世界に放り出され、そして、死ぬことが運命づけられ、何が正しいかもわからないまま、自分だけの固有のあり方を問いかけ、他と関わりながら、今ここに現に生きている存在——である」

ああ、これだと思った。これしかないと思った。これ以外の呼び方は、彼らの生に対する冒涜《ぼうとく》にすら思えた。

だが、あまりにも長すぎる。彼らを呼ぶときに、毎回この言葉を唱えるわけにはいかない。だとすれば、短縮するしかないが……。と、そのとき脳裏にひとつの言葉が浮かび上がった。

——現存在。

私は笑った。なぜハイデガーが、人間をわざわざそんな訳のわからない用語で述べたのか。それを直観的に理解した。違うのだ、そう呼びたいのだ。そう呼ぶしかないのだ。

道をすれ違う他者。名前も知らぬ他者。だが、その一人ひとりが、すべて、私と同じ死の運命を背負い、今ここに現に生きている。彼らも私と同じく、無力なまま世界に投げ込まれた、限りある存在であったのだ。ああ、そんな彼らに共感と愛しさをどうして感じずにいられるだろうか。

私は大声で叫んだ。

「自分はなんてかけがえのない存在だったのだろう！　そして、他者はなんてかけがえのない存在だったのだろう！」

ふいに私は足元の道に気づいた。道があることに気づいた。

この道は、モノとしてただそこにあるのではない。多くの人々との関わりがあってそこに「道」が「ある」のだ。そして、同時に私との関わりがあって「道」が「ある」のだ。

私は空に気づいた。空があることに気づいた。

私は大地に気づいた。大地があることに気づいた。

まるで、初めて知るようにそれらがあることに気づいた。それらを成り立たせている背景はまったくわからない。私が見えているのは道具としての、それらの表面だけであって、その背後にある壮大な仕組みについては計り知れない。だが、だからこそ畏敬の念、そして感謝の気持ちがわいてきた。それらはもはや道具ではなかった。

不思議な体験だった。木の根のように無意味な模様であったそれまでの風景が、すべて意味のあるものに見えたのだ。

それぞれが、かけがえのないものとして存在していた。そして、それらがあふれる世界の中で、私はかけがえのないものとして存在している。

世界がある。他者がある。

私は、世界と、他者と、共にある。

だが、その「ある」はもはや言葉では説明できない。

ただ「ある」としか言えない。

私は太陽に気づいた。太陽があることに気づいた。

世界はなんて美しいのだろう。こんなかけがえのない世界の中に私は存在していたのだ。

私はその場で跪き、祈りを捧げながら言った。

「ああ、なんて私は幸福なんだろう」

終章

幸福の王子

ハァハァ――

大臣は、息を切らしながら早足で城の廊下を歩いていた。

豪華な城であった。金細工がほどこされた壁に、白く磨かれた真珠のような床。それらが果てが見えないほど、どこまでも続いている。別名「サンスーシ（憂い無し）」――世間ではそう呼ばれている城だ。だが、そんな場所にもかかわらず、大臣は汗まみれの顔で苦悶の表情を浮かべていた。

「まったく……廊下が無駄に長すぎるんだよ……」

昨日までオスカー王子の葬儀で徹夜続きだった大臣は、うんざりとした顔で愚痴をこぼした。無理もない。生前に一番身近だったという理由だけで、やりたくもない葬儀の取り仕切りを押しつけられ、それがようやく片づいてやっと眠れると思った矢先に呼びつけられたのだ。

呼びつけてきた相手は、王子の父親――国王であった。

「おまえはどう思うか？」

謁見《えっけん》してすぐに国王は大臣に感想を尋ねた。大きな仕事を終えたことへの労《ねぎら》いの言葉がなかったことに内心がっかりしながらも、大臣は王の側近から手渡された紙に目を落とし、素早く中身を確認した。

「その……率直に申しまして、バカげているかと」

「ふむ、やはりそう思うか」

国王はうなった。問題となっていたのはオスカー王子が残した遺書だった。それには、自分が持っていた財産をすべて民衆たち、特に貧しい人たち、困っている人たちに配ってほしい、と書かれていた。

「民衆に富を配ったところで、彼らは使い道を心得ていません。いわば砂漠に水を撒くようなもの。きっと王子は死の苦しみに錯乱して、こんなことを書き残してしまったのではないでしょうか？」

「おお、大臣よ。わしも同じことを思っておった。まったくもって気の迷いであろうな。この遺言に従ってしまっては、むしろ息子も浮かばれないというものだ」

「はい、おっしゃる通りです。せめて富を使うなら、もっと効果的に使うべきかと」

「うむ、では、どうしたものか。息子は派手なものが好きだったからな。――おお、そうだ。良いことを思いついたぞ。像だ。金塊を溶かして息子の姿をかたどり、思いきり派手な黄金の像を作るのだ」

「はあ」

「ん？　妙案と思ったのだが、大臣は何か不満があるのか？」

「いいえ！　めっそうもありません。率直に申しまして、大変素晴らしいお考えと存じます」

　バカげている、富の使い道を一番わかっていないのは、国王自身ではないか――そんな言葉が喉まで出かかったが、ぐっと飲み込んで、大臣はうやうやしく頭を垂れた。

「我が王のお心遣いに、天国のオスカー王子もきっとお喜びになることでしょう」

「よし、では息子の一番身近にいたおまえにこの大役を任せる」

　大臣は眩暈《めまい》に気が遠くなりそうだったが、必死に耐えながら承知しましたと答えた。


　それから半年ほどが過ぎ、ようやく像の完成の目処が立った。

　製造を担当している職人のリーダーが大臣に近づき、状況を報告する。

「見てください、旦那。全身は純金、目には輝く二つのサファイア。こんなに美しく豪華な像は、他にはないでしょう」

「うむ、よくやってくれた。これほどの像なら我が王にもご満足していただけるだろう。ところで――」

大臣は、周囲を注意深く確認したあと、職人の耳に顔を近づけ小声で話しかけた。

「例の件はどうなっている？」

「はい、材料の金塊は、ご指示通りに運んでおきました」

「そうか、よくやった」

「しかし、旦那、本当に大丈夫なんですか？　バレたら捕まるどころの騒ぎじゃありませんよ」

「バレるかどうかはおまえの腕にかかっている。本当に金のメッキが剝がれるようなことはないのだな？」

「それはもちろん。誰かが無理やり剝がそうとでもしないかぎり、雨や雪が降ったぐらいじゃビクともしませんよ」

顔が映るほどピカピカな巨大な黄金の王子像。実のところ、それはハリボテであった。中身はくず鉄でできており、外側を金で覆っているだけにすぎない。では、本来使われるはずだった金塊はどうしたのかというと、大臣がこっそりと自分のものにしていた。こんなところで飾っておくより自分が使ったほうが国のためだろう、というのが大臣の言い分であった。

「いやあ、それにしても誰がこんなバカげたものを作ろうと考えたんですかねえ。どうせなら黄金の風見鶏でも作ったほうが、まだ何かの役に立つでしょうに。あ、ところで旦那、名前は何にしましょうか？」

「ああ、この像の名前か……、そうだな」

真っ先に思い浮かんだのは「オスカー王子」という名前であったが、それではあまりにもそのまま過ぎる。下賤《げせん》な民衆たちから芸術的センスがないやつだと思われるのも癪《しゃく》である。何か気の利いた名前はないものか。

そういえば、と王子の死に際の言葉を大臣は思い出した。

「そうだな……。よし、幸福の王子、という名前にしよう」

「おお、さすが旦那、いい名前ですね」

こうして誕生した「幸福の王子」像は、巨大な高い柱の上に据え置かれた。それは、街のどこからでも見えるようにという大臣の配慮であったが、同時に盗難を防ぐための策でもあった。いや、実際のところ、偽装がバレぬよう誰の手も届かない場所に置きたかったというのが本当の理由なのかもしれない。

太陽の光に照らされ、眩《まばゆ》い輝きを放つ黄金の像を見上げながら、大臣は計画の成功を確信していた。もちろん、いつかはメッキが剝がれる日がやってくるかもしれない。しかし、それは一〇〇年後か、二〇〇年後か――いずれにせよ、自分が生きているときではないだろう。

そのとき、突如として大臣の視界を遮るものが現れた。黒いツバメだった。それは大臣の目の前を素早く横切り、風に乗って「幸福の王子」像の肩にとまった。

「こら！」

像に何かされてはたまったものじゃない。大臣はとっさに地面に落ちている小石を拾い上げたが、よく考えれば投げつけて像を傷つけるわけにもいかない。それならばと大声で追い払おうとしたが、像が高すぎてどうにも効果はなかった。

しばらくして大臣は諦めた。鳥が相手では分が悪い。それに今、追い払ったとしても別の鳥がまたやってくるかもしれない。

そのとき、冬の到来を知らせる肌寒い風が吹きつけてきた。その寒さが大臣の気力を奪い、考えを改めさせた。

「なに、もうすぐ冬だ。ツバメなんてすぐにいなくなるさ。おい、間抜けなツバメ。もたもたしていると、すぐに冬がきて死んでしまうぞ」

憎まれ口を叩きながら、大臣は風の冷たさに身を震わせつつ、その場から去って行った。

◆　◆　◆

「ツバメさん、ツバメさん」

「誰？　どこから声がするの？」

ツバメは辺りをきょろきょろと見回したが、そばには誰もいなかった。

「こんにちは。私は、幸福の王子、キミが肩にとまっている像だよ」

「わっ、像が喋るなんてはじめて！　びっくりした！」

「そうだね。私もとても不思議なことだと思う。自分でもなぜかはわからない。私は死んだはずなんだけど、気がついたらこんな黄金の像になっていたんだ」

「へえー、そうなんだ。でも、ラッキーだったね。死んでも生きてるなんてさ」

「いや、むしろ罰なんじゃないかな。私は生前、とても悪いことをした王子だったんだ。だから、もう一度、死を味わえってことなんだと思う」

「あら、そうなの？　でも、像なんだからもう死なないんじゃないの？」

「そんなことはないよ。形あるものは必ず壊れる。死なないもの、壊れないものなんかないよ。もちろん、生き物よりは長生きするかもしれないけど、でも、死は確実に未来にあるんだ」

「まあ、わたしよりは長生きできるわよね。立派でカチカチでピカピカしているし」

「それはどうかな。実をいうと、私の身体は見た目は良いけど、中身は捨ててあったくず鉄を集めて作られてるんだ。だから、そんなに長くは持たないんじゃないかな」

「あらまあ、手抜き工事ってわけね。じゃあ、いつ崩れるかわかったものじゃないわね」

「そう。だから、今、この瞬間にも崩れ落ちるかもしれない」

「怖いこと言わないでよ！」

「あはは、それはそれとして、早くここから離れたほうがいい」

「どうして？」

「もうすぐ冬がくる。キミのようなツバメはここでは冬は越せない。南の暖かいほうに早く行かないと凍えてしまうよ」

「そうね、ご忠告ありがとう。それで話しかけてくれたんだ。でも、一晩だけここに泊まっていこうかな。せっかくおしゃべりができる珍しい王子さまの像に出会えたんだし」

「……」

「どうしたの？」

「ツバメさん、それならここを去っていく前にひとつだけお願いがあるんだ」


翌日、ツバメは王子からの依頼を果たして戻ってきた。

「ただいま、王子さま。言われた通り渡してきたよ」

「ありがとう、ツバメさん」

「お針子のお母さん、とても驚いていたわ。そりゃあ、朝起きて枕元に大きなサファイアが置いてあったら誰だってそうなるわよね。でも、本当にあげちゃって良かったの？」

「うん、どうしてもそうしたかったんだ。無理を言ってごめんね」

王子はすまなそうに謝った。像であるため表情は変わらなかったが、昨日とは違って、右目にはめられていた大きなサファイアがすっぽりと抜け落ちて無くなっていた。取り外された部分には、痛々しい黒いくぼみが広がっている。ツバメは、王子の頭の上を飛び回りながら言った。

「朝の散歩のついでに光る石を置いてきただけだから、たいしたことではないけどさ。でも、像とはいえ、人の目をくりぬくって、なかなか嫌な体験だったわ。ねえ、痛くないの？」

「人間だったときの感覚があるからね、何も感じないわけではないよ」

「わっ、そうなんだ！」

「でもいいんだ、これは罰みたいなものだから。もちろん、こんなことで罪が消えるわけじゃないけど、そんなことよりも、お針子のお母さんが不憫で仕方がなかったんだ。病気の子供を気遣いながらずっと針仕事で、手は荒れて縫い針で傷だらけ――それでも治療費を稼ぐために夜遅くまで仕事をして、毎日疲れ切っては、うなされている子供のそばで、倒れ込むようにして寝ている。そんな親子をどうしても放っておけなくて」

「ふーん、他人のことなんだから、そこまで気にしなくていいと思うんだけど。あなたって、お人好しっていうか、おせっかいさんなのね」

「そういうツバメさんも宝石を置いたあと、寝苦しそうな子供に向かって、一生懸命、羽ばたいて扇いでいたよね」

「見てたの!? いや、たまたまそう見えただけよ！ わたしは子供なんて石を投げつけられたときから、ずっと大嫌いなんだからね！」

怒ったように口をとがらせるツバメを見て王子は笑った。

「でもツバメさんは、どうして私の肩にとまったの？ キミがやってくる少し前にたくさんのツバメたちが南の空へ飛んで行くのが見えたよ。そのまま一緒に行けば良かったのに」

「そのつもりだったんだけど、何気なく空から景色を眺めていたら、あなたがぽつんと独りで立っていて、とても寂しそうに見えたの。ちょうどわたしも寂しい気持ちだったから気になったんだと思う。まさかお話ができるとは思ってなかったけどね」

「寂しい？ キミには仲間がたくさんいるじゃないか。今だって南のほうに飛んで行けば、同じツバメたちがいるはずだよね？」

「その通りよ。でもね、それでもわたしはずっと寂しかったの。誰といても心のどこかがぽっかりと穴が空いたように寂しかった。葦《あし》の草と恋もしてみたけど、やっぱりどこか違うと思った。だから、同じように寂しそうな姿のあなたを見て、その……放っておけなかったんだと思う」

「なんだ、私たちは似たもの同士だったんだね」

王子はくすりと笑った。そんなことないとツバメは顔を真っ赤にして否定した。

「ありがとう、優しいツバメさん、本当に楽しかったよ。もうそろそろ行く頃だよね」

「そうね……、でも冬がくるのはまだちょっと先だし、せっかくだからもう一晩だけ泊まっていこうかな」

「そうなんだ。とても嬉しいよ。だったら、あとひとつだけお願いがあるんだけど」

「なに？　わたしにできることならいいよ」

「私の左目にある、もうひとつのサファイアも運んでほしいんだ」

「ちょっと待って、そんなことしたら、もしかして目が見えなくなっちゃうんじゃないの？」

「うん、それでかまわない。そうしないといけないんだ」

「いやよ。そんなことできないわ」

「でも、聞いてほしい。あそこの広場にマッチを売っている少女がいる。さっきマッチを溝に落としてしまい全部駄目になってしまった。このまま家に帰ったらお父さんにぶたれるだろう。それがわかっているから、あの子はずっと泣いたまま座り込んでいる。こんな寒空の下なのに、靴も靴下もはいていないんだよ。どうか私の残っている目を取り出して、あの子にやってほしいんだ」

「……そんなことしたって何にもならないんじゃないの？　子供を殴るようなひどい父親なんでしょ。宝石だって取り上げられて、すぐに使い果たすに決まってる。ちょっと意地悪なこと言うけど、それってただの独りよがりの自己満足じゃない？」

「でも、そうだとしても、なにかしなくちゃいけないって思うんだ。正解なんてわからない。そして取り返しもつかない。良かれと思ってやったことが裏目に出ることだってある。あとで苦しんで後悔するかもしれない。でも、それでも今泣いているあの子になにかをしてあげたい。私にあげられるものをあげたいんだ。お願いだよ、ツバメさん、どうか私を助けると思って手伝ってほしい」

「なぜそんなことがあなたの助けになるの？　――でもいいわ、わかった。あなたは、お人好しのおせっかいさんだものね……」


そして、一時間ほど経ったあと、ツバメはお使いを終えて戻ってきた。

「ただいま王子さま、具合はどう？　痛くない？」

「うん、それよりあの子はどうなったの？」

「言われた通り渡してきたわ。父親にはぶたれてたけどね」

「え、どうして!?」

「サファイアのことは父親に教えなかったみたい。家のそばの木の下に隠していたわ。でもね、あの子、ぶたれてたけど泣いてなかったんだよ。何か希望を見つけたような強い目をしていた。未来はどうなるかわからないけど、少なくともあの子の涙は止められたと思う」

「ああ……ありがとう。本当にありがとう……」

と、そのとき王子はツバメの話し方に違和感を覚えた。

「あれ？　ツバメさん、もしかして怪我をしてる？」

「うーん、父親があまりにもぶつもんだから頭にきて思わず部屋に飛び込んで暴れまくったら、あちこちぶつけちゃって。あ、でも、わたしは大丈夫――って、そうじゃなくて人の心配よりも、あなたはどうなの？　もう二度と見えないのよ」

「大丈夫だよ、強がりじゃない。これはハイデガーが言っていたことらしいんだけど」

「え？　ハイデガー？　誰それ？」

「『存在とは何か』を生涯かけて探究した哲学者なんだけど、彼はあとになって、存在の正体を明らかにしようとしたこと自体が間違いだったと考えるようになったんだ」

「ふーん、『存在』が何なのか全然わからないけど、それはともかく、その『存在』ってやつを頑張って考えようとした人なんでしょ？　じゃあ、その正体を明らかにしようとするなんて当たり前のことじゃないの？」

「いや、でも『明らかにする』なんて、ちょっと暴力的で支配的な匂いがしないかな？　隠されているもののベールを剝ぎ取って、くっきりはっきりと、そのカラクリを見てやろうという態度——こうした、いわゆる『視覚的な態度』が傲慢でよくなかったんだとハイデガーは反省したんだ。つまりさ、何かを知りたいと思ったときに、それを自分とは異なる対象として、目の前において観察しようというやり方では本当のことにはたどり着けない。それよりも知る上で大事なのは『聴覚的な態度』——もっと受け身で、黙って静かに、聴きとろうとする態度のほうが真実に迫れる、そう彼は思ったんだ」

「難しい！　全然わからないから直観的なことを言うね。たぶん、それ、正しいと思う。困っている人、ツラい人を、外からじっくり見て問題はこうじゃないか、ああじゃないかと把握しようとすることは、必ずしも善いことだとわたしは思わない。それよりも、謙虚にその人の声に耳を傾けるべきだと思う。そうやってはじめて本当のことってわかるんじゃないかな？」

「すごいね、ツバメさん、私より哲学がわかっていそう」

「えへん！　で、そのハイデガーって人、結局どうなったの？」

「その後も探究を続けたみたいで、最終的には『存在』という言葉を使って論じること自体が間違いだったと考えるようになって、とうとう『存在』という文字に×印を書いて表したりするようになったらしい」

「なにそれ！　行き着くとこまで行き着きすぎて、さすがにもうわからないわ！　というか、王子の目の話だったのに、いつの間にか脱線してる！」

「そうだったね。つまり、視覚的な認識だけがすべてじゃないから、見えなくなっても大丈夫だよって話をしたかったんだ。いや、むしろ嬉しい。やっと同じになれた。もちろん、こんなの独りよがりの自己満足なんだけども、少しだけ救われた」

「ハイデガーと同じ境地になれたってこと？　何を言っているかよくわからないけど、とにかく今日は疲れたし、もう一晩だけ泊まっていくわ」


そして、その翌日、目覚めてすぐにツバメは言った。

「そうだ、わたしがあなたの目になってあげる」

「どうしたの急に？」

「わたし、もうしばらくここにいることに決めたの。だって、あなたの宝石を渡した人たちがどうなったか気になるじゃない。だから、散歩のついでに見てきてあげる」

こうして、ツバメが街中を飛び回り、そこで見聞きしたことを王子に伝える日々が始まった。街には予想したよりも、たくさんの貧しい人たちがいた。それを聞くたびに王子は涙を流し、ツバメに懇願した。

「ツバメさん、私の身体を覆っている金を剝がして、その人たちに運んでくれないかな」

「お安いご用よ」

ツバメは言われた通りにした。王子の身体から剝がした金をくわえて、街の人々に届け続けた。

「これでパンが食べられるぞ」

空から降ってきた金を拾って、たくさんの人が喜んだ。しかし、それを繰り返すうちに、王子の身体を覆っていた金はどんどん減っていき、ついには全身が黒いくず鉄の塊になってしまった。

ある日、大雨が降った。雨水は、メッキの剝がれたむき出しの肌に染み込んでいき、王子の身体を確実に蝕《むしば》んでいった。

「ねえ、王子さま、大丈夫？」

「なんともないよ。でも、この身体では私も長くはないだろうね」

「……」

「ああ、ツバメさんは気にしないで。私が自分でこうしたかったんだ。とても温かい気持ちになっている。優しいツバメさんのおかげだよ。それより、そろそろ南に出発しないとダメだ。寒さで身体が動かなくなってからでは遅いからね」

「そうね……。わたしもそう思ってたところ。――あ、そうだ、面白い話をきいたの。大臣ってやつ知ってる？　あなたの身体を作るはずだった金塊をこっそり盗んでたことがバレて、指名手配になってるわ。財産は差し押さえられ、今は隠れ家で震えてる。いい気味よね。わたし、町中を飛び回って、その間抜けの居場所をふれ回ってやろうかしら」

「ツバメさん、またひとつお願いがあるんだけど」

「あら、また金を届けるの？　もう靴のかかとにある、ひとかけらしか残っていないからこれで最後よね。誰に運べばいい？」

「大臣に届けてほしいんだ」

「え、なんで!?　そいつが不正をしたから、王子さまの身体はそんなにボロボロなんだよ!?」

「いいんだ、彼にはとても世話になったからね。もしも彼が捕まって死刑にでもなったら、私はショックで心臓が粉々に割れてしまうかもしれない。それに、彼は私の名づけ親でもあるんだ」

「あなたって、本当にお人好しね！」

「お願いだよ、ツバメさん、彼ならきっとその金を使ってうまく逃げられると思うんだ」

「わかったわ、頼まれてあげる」

ツバメはため息まじりに了解し、最後の金をくわえて飛び立っていった。

それから、しばらくして、冬が本格的にやってきた。ツバメは、それでも「もう一晩だけ」と繰り返し、王子のそばにとどまり続けた。

「ねえ、王子さま、何かお話しして？」

「そうだね、私が人間だったときに学んだことを、キミにも話したいな」

「またハイデガー!?　もう難しい話はイヤよ。それより王子さまがどんな生き方をしてきたのか教えてほしいな」

「私の人生なんてろくでもないよ……気分を悪くするだけさ」

「それでも聞きたいの！」

次の日の朝がやってきた。

「そうそう、お針子のお母さんだけど、子供を学校に入れることができたって喜んでたわ。その子はね、将来は劇作家になりたいんだって。わたしたちのことを物語にするって言ってた」

「へえ、すごいね。どんなお話になるんだろう。もしかしたら歴史に残る大作家になるかもしれないね」

次の日の朝がやってきた。

「そういえば前に話した大臣だけどさ、渡した金を賄賂にしてうまく国の外へ行けたみたい」

「それは良かった。彼ならどこでも生きていけそうな気がするよ」

「ほんと間抜けだけどタフよね。案外、他の国で大成功したりしてね」

次の日の朝がやってきた。

「ねえねえ、王子さま、広場にいたマッチ売りの少女おぼえてる？　あのあと、ギャングにお金を渡して大人になるまで守ってもらう契約をしたみたいなの」

「大丈夫なのかい？　相手は悪い人たちなんだろ？」

「それがね、度胸があるって結構気に入られてるみたい。大人になったら、残りのお金の場所を教えるんだってさ。そういう賢さも含めて、ギャングたちから可愛がられてる。わたしの見立てではあの子は将来、絶対大物になるわね」

王子とツバメの楽しい日々が続いた。この場所にとどまることは、ツバメにとって暗い未来しかなかったが、なぜかツバメの心はずっと温かい気持ちに包まれていた。

だが、そんなツバメも空から降ってきた雪を見上げたとき、ついに弱音をもらした。

「王子さま、わたし怖い。死ぬのが怖いの。死に追い込まれたとき、わたしはいったいどうなるんだろう？　だって死ぬって、死ぬほど痛いんだよね？　死ぬほどツラいんだよね？　死ぬほど寂しいんだよね？　そのとき、わたしはわたしでいられるのかな？　あまりの痛みに、今まで生きてきたこと、やってきたこと、すべてを否定してしまうかもしれない。あまりの苦しさに、あんたなんかと関わらなきゃよかった、と酷いことを言ってしまうかもしれない。最後の最後に、自分の人生を否定することが本当に恐ろしいの。さんざん生きて、最後の最後で、生まれてこなければよかった、なんて言うとしたら、わたし自身に何の意味も価値もなかったということになるじゃない。そんなの悲しすぎるよ」

「ツバメさん……、私も怖いよ。私だってもしかしたら、死の直前に手のひらを返すかもしれない。何も渡さなければ良かった、ツバメさんと出会わなければ良かったと後悔するかもしれない。でもね、それって逆に言えば、死ぬまで人生の意味も価値も確定しない、ということだと思うんだ。つまり、それまでどんなに幸福もしくはみじめな人生だったとしても、死の間際の行動で、その意味や価値がまったく変わってしまうことだってあり得るということ。それはたしかに恐ろしいことかもしれない。でもだからこそ、人は最後の瞬間まで自分らしくありたいと願う。死という終わりがあるからこそ、自分らしいあり方、生き方に真剣に向き合えると思うんだ」

　そして、また次の日の朝がやってきた。

　霜が降り、水晶のような長いつららが家の屋根からぶら下がり始めていた。王子は身体中がひび割れ、その隙間に入った水が凍ってはさらにひびを広げていた。ツバメも弱りはて、もはや飛ぶ力も残っていなかった。

「ねえ、王子さま……、今日はどうするの？　何かしてほしいことはない？　見てきてほしいものはある？」

「ありがとうツバメさん……大丈夫、今日は何もないよ」

「ふーん」

「痛い痛い、何でつつくんだい⁉」

「だって正直に言ってくれないから……」

「じゃあ……そばにいてほしい……」

「いいわ……もう一晩だけそばにいてあげる」

――そして、そのときがきた。

ミシミシと音が鳴り、王子の身体に引き裂かれるような激痛が走った。いよいよ死ぬのだと悟った。肩にはツバメの重さを感じていた。結局、最後までつき合わせてしまったなと王子は申し訳なく思った。死ぬのは怖かったが、ただそれでも優しいツバメさんと一緒なら悪くないと思えた。

しかし――

「ごめん、そろそろ限界みたい。わたし、さようならを言わなきゃ」

突然、羽ばたく音が聞こえた。そして、次の瞬間、肩が軽くなったのを感じた。

見捨てられた――

王子は、一瞬、その思いにとらわれた。

悲しみ、怒り、嫉妬。あらゆる負の感情が身にわき起こり、心を支配していく。

自分だけ生き残るつもりなのか！

まて！　まってくれ！　いかないでくれ！

これが本当に最後の頼みだ！

お願いだから、私を一人にしないでくれ！

そう叫び出そうとした――そのとき、胸の内側から小さな声が聞こえたような気がした。そして同時に外側から響く現実の音――バサバサとツバメが苦しそうに翼を羽ばたかせる音に気づいた。

王子は叫んだ。

「ツバメさん、頑張れ！　行け！　行ってくれ！　そのまま南へ、暖かいほうへ飛んで行くんだ！」

ツバメはその声に背を押されるように、必死にもがきながら高く高く上昇していく。

しかし、突如としてくるりと向きを変えた。ツバメが向かう先は、南ではなく、王子のほうであった。それに気づかず王子は叫び続ける。

「頑張れ！　頑張るんだ！　キミのことを大切にしてくれる仲間がきっと待っている！　だから、暖かいところへ！　そこで……そこで幸せになってくれ……！　どうか、お願いだから、幸福に生きて――」

だが、その言葉は最後まで言い終えることができなかった。ツバメが王子のくちびるにキスをしたからだった。

そのままツバメは言った。

「一緒に生きてくれて、ありがとう。

最期までそばにいてくれて、ありがとう。

最高に幸せな人生だった。

――愛してるわ、オルカ」

そして、ツバメは王子の足元へと落ちていき、動かなくなった。

厳しい冬の寒波が、ツバメと王子の身体に容赦なく吹きつけるなか、王子は思った。

これ以上はない！

これ以上の出来事があるだろうか！

本当だ、本当だった！
人生は終わるまで終わらない！
人生というものは、本当に何が起こるか最後までわからないのだ！
罪深い自分にこんな救いが訪れるなんて——

そのとき王子の胸から鈍い音が響いた。それは鉛の心臓が割れる音だった。
次の瞬間、王子の身体は崩れ、地に落ちて粉々に砕け散った。

エピローグ

——そこは人間が住む世界とは違う、天国と呼ばれる場所での出来事。

神と天使たちは、とある重大な決断を下すための議論をしていた。その議題とは「世界は存在するべきか？」というものであった。

天使の一人が進言した。

「世界を支配している人間たちの専横と暴虐は目に余ります。彼らは知に優れ、科学という技術を発展させましたが、いまだに同種同士で憎み合い、戦争をしている状態です。生物史上、これより愚かな生き物を私は見たことがありません」

別の天使が発言した。

「今の話に私も同意します。ですが、その前に『存在するべきか』の基準をはっきりさせたほうが良いでしょう。私が考えるにそれは『価値があること』だと思いますがいかがでしょうか？」

神は答えた。

「なるほど。価値があるから存在する、価値がなければ存在させる必要もない。ひとつの真理として認めよう。では、天使たちよ、『価値がある』とは何だろうか？」

その言葉に天使たちは話し合いを始めた。昼夜を問わず討論を重ねた結果、ひとつの結論として、価値とは「尊さと美」であるということが導き出された。

神は天使たちに命じた。世界中を駆け巡り、「尊さと美」を見つけ出してこい、と。

しばらくして、天使たちは思い思いの成果物を持ち寄り、神へと捧げた。

「我が主よ、こちらはいかがでしょうか？　刀剣と銃器――敵対する者を一瞬で肉片に変える兵器でございます。圧倒的な強さにこそ美があるのではないでしょうか？」

神は首を振り、否定の態度を示した。

「私が見つけ出したのは、世界一の金持ちが持っていた財宝です。見てください、この宝石の山を。ピカピカと光り、明らかに美しく綺麗ではないですか。しかも、これらは人間界のどんなモノとでも交換できる貴重な品なのだそうです。やはり、富こそが尊さと美なのではないでしょうか？」

神は再び首を振った。

それから天使たちは、世界中の美しいとされるモノを次々と差し出したが、神がうなずき満足することはなかった。疲れ果てた天使たちの様子を見て、リーダー格の天使が申し出る。

「我ら天使一同、世界の隅々まで捜索しましたが、残念ながら我が主がお認めになられるような『尊さと美』を備えたモノは見つかりませんでした。つまり、世界は、我が主にとって価値のあるものではないということです。さて、以上をもって結論が出たと思います。即刻、世界を破壊し、すべての存在を消滅させましょう」

その提言に神がうなずきかけたそのとき、先ほど捜索から帰ってきたばかりの天使が前に歩み出た。

「お待ちください。お探しのものが見つかりました」

死を司る天使であった。こちらにございますと彼は空中を指差し、神と天使たちは千里眼の能力を使って、指の方向にある風景を覗き見た。

その場所は、小さな街のゴミ溜めであった。そこには、冷たく動かなくなったツバメの亡骸《なきがら》、そしてボロボロになった人間の像が打ち捨てられていた。ツバメの亡骸は、よほど高いところから落ちたのか、羽が血で真っ赤に染まっており悲惨な姿を呈していた。一方、見るからにみすぼらしい人間の像は、原型がわからないほど砕けており、かろうじて残っていた鉛の心臓も、無残にも真っ二つに割れていた。

「どういうことだ。汚いゴミにしか見えないが？」

リーダー格の天使が代表して問い質《ただ》すと、死を司る天使は自信に満ちた声で断言した。

「これが尊さと美です」

それを聞いて、周りの天使たちは失笑を漏らした。なかには、神に対して不敬だと憤る天使もいた。

そんな騒ぎをよそに、神は表情を変えて立ち上がり、熱に浮かされたようによろよろと歩き出した。そして、手を伸ばして二つのものをつかみ取り、そのまま胸に抱きしめ、割れんばかりの大きな声でわんわんと泣き出した。

「よくぞ見つけてきた！　これこそがもっとも尊く美しいものだ！」

天使たちは驚いたが、神の言葉を疑うものはいなかった。すぐさま静まり返り、全員でツバメと像に向かって跪き、敬意を示す歌を唄い始めた。

その歌が響くなか、リーダー格の天使が進言した。

「おお、わが主よ。尊く美しいモノが見つかったこと、お喜び申し上げます。それでは世界からこの二つのモノだけを残して、他は消してしまうということでよろしいでしょうか？」

死を司る天使が、遮って答えた。

「いいえ、それではダメです」

神への問いかけに、一介の天使が割って入るなど到底許されないことであったが、神は寛大な表情で続きを促した。死を司る天使は平伏し、落ち着いた穏やかな声で話し始めた。

「敬愛する我が主よ、すでにご承知とは思いますが、これらの尊さと美は決してモノ――物質として存在しておりません。王子とツバメの心によって生み出されたものです。

王子とツバメは、時間の有限性に気づき、お互いの存在のかけがえのなさに気づきました。そんな彼らの気遣い合う心によって、そして、彼らの生き様のすべてによって、この尊さと美は生み出されたのです。

たしかに人間は愚かです。星を汚し、他人を傷つけ、無惨な戦争を繰り返してきました。そして、自分以外の他者を道具として、自分の目的の手段としてしか認識できない自己中心的な存在でもあります。しかし、一方でそれは人間が他者と関わることでしか存在できないということでもあるのです。そんな人間が自己の死に気づき、他者の死に気づいたとき、彼らはお互いを思いやり、そこに固有の価値を問いかけ、存在の意味を生み出そうとします。私は、その営みこそが尊さと美の正体だと考えます。ですから、はてしなく愚かさや醜さを生み出す人間たちですが……、一方で尊さや美を生み出せるのも、死を運命づけられた人間たちだけなのです！

ゆえにどうか、もうしばらくお見守りください。きっとこの王子とツバメの物語は世界中で語り継がれるでしょう。王子とツバメの生き様に感動し、涙を流す人間たちがいるかぎり希望はあります。

そして、いつか人間たちは気づくときがくるでしょう。

自己のかけがえのなさに！

目の前の他者のかけがえのなさに！

自分が住む世界のかけがえのなさに！

人間本来の生き方に！

その身の内側から響いてくる良心の呼び声に！

ああ、ですから我が主よ、我らが愛する神よ、どうか人間たちに『存在と時間』をもうしばらくの間、賜りますようお願い申し上げます」

その言葉に神は深くうなずき、天使たちは祝福の歌を唄った。

［著者］

飲茶（やむちゃ）

北国生まれ。東北大学大学院修了。会社経営者。
哲学、科学、数学をわかりやすく解説するブログを立ち上げ、そのシンプルで奥深い内容に注目が集まる。その後、作家としての活動を開始し、30万部を超えるベストセラー『史上最強の哲学入門』（河出文庫）を筆頭に数々の書籍を世に送り出し、幅広い支持を集めている。
主な著書に『正義の教室』（ダイヤモンド社）、『史上最強の哲学入門 東洋の哲人たち』（河出文庫）、『哲学的な何か、あと科学とか』『哲学的な何か、あと数学とか』（ともに二見文庫）などがある。

あした死ぬ幸福の王子
――ストーリーで学ぶ「ハイデガー哲学」

2024年6月4日　第1刷発行
2024年7月19日　第3刷発行

著　者――――飲茶
発行所――――ダイヤモンド社
〒150-8409　東京都渋谷区神宮前6-12-17
https://www.diamond.co.jp/
電話／03･5778･7233（編集）　03･5778･7240（販売）

装丁―――――山影麻奈
装画―――――Adobe Stock
本文イラスト――田渕正敏
本文デザイン・DTP―吉村朋子
校正―――――加藤義廣（小柳商店）、円水社
製作進行――――ダイヤモンド・グラフィック社
印刷―――――堀内印刷所（本文）・新藤慶昌堂（カバー）
製本―――――ブックアート
編集担当――――中村明博

©2024 Yamucha
ISBN 978-4-478-11431-5
落丁・乱丁本はお手数ですが小社営業局宛にお送りください。送料小社負担にてお取替えいたします。但し、古書店で購入されたものについてはお取替えできません。
無断転載・複製を禁ず
Printed in Japan

本書の感想募集
感想を投稿いただいた方には、抽選でダイヤモンド社のベストセラー書籍をプレゼント致します。▶

メルマガ無料登録
書籍をもっと楽しむための新刊・ウェブ記事・イベント・プレゼント情報をいち早くお届けします。▶